生 き が い

～ インド哲学の見方で ～

スワーミー・メーダサーナンダ

日本ヴェーダーンタ協会

発行者のことば

　「生きがい」について論じた本は、日本語でも翻訳物でもすでにかなりの数がある。知名度の高いもの、読者にとって役に立つものも数々ある中、なぜこのテーマで新たに本を出すのか。これは当然の疑問と言えるだろう。

　この問いに答えるために、初めに「生きがい」という言葉の意味を述べてみたい。生きがいとは、日本文化においてよく耳にする含蓄のある概念で、日本人でなくとも賢明な人ならこの概念を認識しているだろう。真の意味の生きがいとは、「人生の究極の目的に実践可能な方法で関わりながら生きる」ことの喜びを見いだし、その意味を知り、味わうことに他ならない。人生の目的・ゴールという種子を自らが見つけて大切に育ていけば、やがて唯一無二の実がつき、その実は人生という旅路を歩み続ける支えとなる。本書は生きがいを、伝統的なインドの社会学・心理学・哲学・霊性に照らし論じている。

　「マネジメントのグル（師）」と仰がれる人々によって、日本流マネジメント、欧米型マネジメントなど、これまでにさまざまなマネジメントモデルが構築されてきたが、今やこうした人々はインドの伝統に注目している。人生に対し多面的にアプローチする貴重なインドの叡智は認知度を高めつつあり、この価値ある思想を取り入れたマネジメントモデルに、各界の人々は高い関心を寄せている。マネジメントの原則は新たな次元に進み、インドモデルを展開しているのだ。こうしたことから近年では、『Managing by the Bhagavad

Gītā』（Satinder Dhiman、A. D. Amar 共編、Springer 社、2019 年）、
『Bhagavad Gita: The Art and Science of Management for the 21st
Century』（Om Prie Srivastava 著、Zorba Books 社、2018 年）など
の書籍が出版されている。

　本書の著者は、日本に在住する、著名なラーマクリシュナ僧団
（ラーマクリシュナ・マト・アンド・ミッション）のインド人僧侶で、
幸運にもインドのこのような素晴らしい知恵を身近に育ったことか
ら、生きがいに関して述べるにあたり、マネジメント・グルと同じ
くインドに伝わる知の力を活用した。トリグナ（サットワ、ラジャス、
タマス）、パンチャ・コーシャ（真我の五つのさや）、サムスカーラ
（心に深く刻まれた印象）、カルマの法則を始めとするインドの伝統
的な概念を紹介しながら、人生の一時的な目的と超越的な目的を組
合せつつ、生きがいについて、理論と実践、障害と恩恵などさまざ
まな面から論じている。

　本書の特徴は、精妙な考えが分かりやすく自然な流れで解説され
ていることだ。インドの文献などさまざまな資料から、言葉や物語、
エピソード、具体例などが数多く引用され発想豊かな教えが語られ
ており、大変読みやすい。また、生きがいというものをより分かり
やすく示すために、図表や用語集なども掲載されており、読者にとっ
てありがたい構成となっている。本書を、辞典のように何度となく
読み返すことで、生きがいとは何かを理解する手引きとされたい。

　著者が日本語で行ったさまざまな講話を基に、超人的な作業を通
してこうして一冊の本にまとめ上げてくださった田辺美和子氏、優
れた手腕でこれをサポートくださった村椿笙子氏、校正と共に貴重
な意見をくださり本書の品質向上にご貢献いただいた増田喜代美

氏・森岡智恵子氏に心よりお礼を申し上げる。また、レオナルド・アルバレズ氏を始め多くの方々に、出版までのさまざまな段階でご助力を賜ったことは感謝に堪えない。香川県の真言宗善通寺派の佐藤浄圭尼には、本書のために深いメッセージの込められた美しいイラストを描いていただいた。あつくお礼申し上げる。カバーページデザインをして下さったミータ・チャンダ氏、サルジブ・チャンダ氏とマーダヴ・ゴーシュ氏に感謝申し上げる。

　人生という大洋を舵（かじ）のない船で漂い、これといった行き先もないまま、うわべだけの毎日を送る、満たされない人生ではなく、生きることの真の意味と目的を知り、時間はかかっても最終的には充実した人生を送りたいと願う読者にとって、本書が役に立つ存在となることを心から願っている。

目　次

第1部　気づき……………………………………………………… 11

第1章　特別な気づき………………………………………………… 12
気づき
聖典の学び
聖典の内容
聖典の学び方
内省
内省の方法
内省のテーマ
第2章　気づきの物語………………………………………………… 23
ワシとニワトリ
ヒツジライオン
探しつづけるジャコウジカ
死神からの連絡
１０人目の人
第3章　今の自分の状態への気づき……………………………… 26
今の自分の状態への気づき
気づかないほうが楽だと思っていることに気づく
内なる矛盾に気づく
自分は変わりたくないことに気づく
責任は自分にあると気づく

時間は有限だと気づく

心の潜在能力に気づく

奴隷状態、催眠状態であると気づく

自分と自分ではないものを同一視していると気づく

一時的なものに執着し束縛されていると気づく

自分が自分を一番知らないと気づく

第4章　より高い生き方への気づき……………………………　35

真の幸せに気づく

より高い生き方への気づき

気づきをはばむ障害

「心と頭をポジティブな思考で満たしてください」

第2部　ポジティブに生きるための実践………………………　39

第1章　ポジティブに生きる　〜7つのエピソード〜………　40

エピソード1「結果が出るまであきらめない」

エピソード2「愚痴を言わずにやり続ける」

エピソード3「逃げずに立ち向かえ」

エピソード4「自分を信じる」

エピソード5「私はできる」

エピソード6「人の良い性質を見よう」

エピソード7「ハエではなく、ミツバチになろう」

第2章　心の傾向と3つのグナ…………………………………　50

心の定義〜さまざまな捉え方

心の一般的な傾向

　　心と３つのグナの関係

　　サットワ、ラジャス、タマスの特徴

　　サットワ、ラジャス、タマスのしるし

　第３章　心のチェックリスト ………………………………………　64

　　心のチェックリスト

　第４章　理想の心……………………………………………………　80

　　人生の目的

　第５章　ポジティブに生きるための実践とヒント ……………　83

　　実践

　　さらなるヒント

　第６章　「信じること、信じること、自分を信じること」……102

　　最終の目的　〜超越〜

　　「信じること、信じること、自分を信じること」

第３部　毎日の理想的なスケジュールの重要性 …………………105

　第１章　毎日の理想的なスケジュールの重要性 ………………106

　　実践の意義

　　理想的なスケジュールの一例

　　理想的なスケジュールを作る

　　実践のポイント

　第２章　『今日だけは』の実践　〜生きがいある人生〜 ……117

　　『今日だけは』の実践

　　生きがいある人生

第1部　気づき

第1章　特別な気づき

気づき

　今の自分に満足している人がいるとしたら、悟った人か、怠惰な人です。それ以外のすべての人は、今よりもっと幸せになりたい、もっと喜びを得たい、もっと知識を得たいと思っているはずです。

　ある人が禅師に叡智とは何かを尋ねました。禅師は黙して「気づき」と書くのみ。意味が分からず再度質問をしても、やはり「気づき」と書くのみ。最終的に「気づきは気づきです」と書いて筆を置きました。禅師は何を伝えたかったのか。それは「あなた自身が考え、あなた自身で気づいてください」ということでした。叡智とは物事の本質を認識する力です。

　私たちの内部ではいつも2つの声がこだましています。良心の声と魂の声です。お年寄りに席をゆずろう、困っている人を助けようと、たまに良心の声は聞こえます。しかし魂の声を聞くことは稀です。

　魂はつねに呼び掛けています、「魂が本当の私です、気づいてください、気づいてください」と。魂とは「サット・チット・アーナンダ」といわれる、永遠で無限で絶対的な存在（サット）であり知識（チット）であり至福（アーナンダ）です——つまり私たちにとって、魂に気づくこと以上の幸せも喜びもないのです。

　「人生をよく生きよう」と言います。その一般的なイメージは、健康、おいしい食事、すてきな家、きれいな服、家族を作るなどで、もちろんそれらは人生の大事なものです。しかしそれだけでは満足しない、ということも事実です。私たちは完全に満ち足りたいし、永続

する幸せのなかで安らぎたいのです。

　通常の意識では気づくことも理解することもありませんが、実は私たちは「ハート」で、魂を感じ取っています。私たちのハートは、永遠・無限・絶対なるものを知っているので、それゆえ小さな喜びや消えてなくなる幸せでは十分に満足せずさらに追い求めるのです。

　この「ハート」［1］とは、肉体的な心臓ではなく霊的なハートで、そこに魂の神秘は隠れています。ですが隠れているから気づけないということはありません。準備をすれば気づきは可能です。それはどのような準備なのでしょう？　今は、魂についての知識も気づきもなく、「私はからだである」「私は心である」と思い込み、からだや心の欲するままに生きています。人生には少しの喜びと多くの苦しみ悲しみがあります。準備とは、そのような状態に気づくこと、気づく力を養うために霊的実践を行うことです。これは「特別な気づき」で、①時々ではなく常に気づいている、②完全に満ち足りる^{ultimate fulfillment}ことが目的、③そのために実践を行う、という３つの特徴を持っていて、最終的に自分の本質（魂）に気づきます。決して一時的・世俗的な快楽や快適な暮らしを得るための気づきではありません。

　実践内容はおもに第２部と３部で述べますが、実践を行う場は各々の心です。魂は人格の基礎としてすべての人に内在していますが、心が落ち着かないうちは認識することができません。太陽はつねにあるのに、湖の波の動きが邪魔をして湖面に太陽が映らないのと同じで、心が動いているために心に魂が反射しないのです。また、水が汚れていると湖底の宝を見つけることができません。心から汚れ（ネガティブな思考・感情やサムスカーラ［2］）を取り除いてきれいにし、内なる魂があらわれるようにするのです。心をしずめること

ときよめることは、すべての霊的実践に共通の目的です。

　純粋なもの（魂）は純粋なもの（浄化された心）でしか気づけません。心が純粋になったとき、完全な満足と永遠な幸せはとても近くにあったと知るのです。それが霊的実践の結果です。

　［１］原語サンスクリット語では「フリダヤ」。

　［２］似たような思考や行為をくり返すことで心に深く刻まれた印象。今生だけでなく、前世（複数）のものも含めて潜在意識に隠れ、現在の思考や行動に影響をあたえる。

聖典の学び

　準備のなかで基礎的なものが、魂についての知識を学ぶことです。気づきのもととなる知識が培われていないと気づくこと自体が難しいからです。

　そのために、真理を説く聖典を読んで学習してください。淘汰されることなく何千年にも渡り守られてきた聖典は、そのこと自体が聖典の真正性、重要性を証明しています。また国、社会、年齢、性別を超えた普遍的道徳［３］を説き、人生の荒波を渡るのに必要な知恵、理想の人間関係、理想的な仕事のしかた、そして心のしずけさ・きよらかさの何たるかを教えます。

　そのような偉大な聖典ですが、現代社会ではそれを学ぶ機会がほとんどないようです。私はそのしわ寄せが若い世代にきていると感じています。逆境に立ち向かう知恵や人との調和的な触れ合い方を知らず、鬱になったり不登校になったりするのです。学校にはカウンセラーがいて、街には診療内科があります。しかし問題が起こっ

たあとの対処策を整えるより、問題が起こる前の予防策を講じるほうがさらに重要ではありませんか？　そのために大人が聖典を学び、教えるべきことを子供たちに教えるというのが私たちの責任ではないかと思うのです。聖典『バガヴァッド・ギーター』＊の有名なマントラ＊は、「聖典は母牛のミルクであり、聖典を学ぶ者はそのミルクを飲み強くなる子牛である」と言っています。聖典の思慮深い教えは誰にとっても必要なものです。家庭、学校、さまざまな場所で学ぶ機会が増えるとよいと思います。

［3］道徳性は霊性の基礎である。ただし必要条件であっても絶対条件ではない。道徳的でありたいと思う人たちが常に道徳的であるかというと、道徳を守り切れない場合も多々あるだろう。純粋に道徳的であるには霊性を身につけることが必要なのだ。

聖典の内容

最初に、「真理」を指す言葉には数々の表現があるということを知っておいてください。真理とは、永遠・無限・絶対なるものですが、無限を、有限な言葉を使ってあらわすことは難しく、したがってさまざまな表現がされているのです。すなわち、魂、霊、内なる自己、真我、純粋な意識、アートマン＊、ブラフマン＊、神、主、創造者、それ、などで、それらが意味するのは同じもの（真理）です。

次に、聖典には何が書かれているのかというと、悟り＊（真理の直接体験）について、悟るための実践、悟りの障害となるもの、悟ったあとのこと、さらに、宇宙や宇宙の創造や私たちの創造について、私という存在について、私と魂との関係、私と心との関係など、霊

性についてのさまざまな知識が説明されています。

　ここで古代の聖者たちが悟りの体験を表現した言葉、「サット・チット・アーナンダ」を紹介しましょう。直訳すると、「絶対の存在・絶対の知識・絶対の至福」となるのですが、それを彼らは体験したのです。つまりみずからを、「魂のレベルでは永遠・無限・絶対の存在であり、永遠・無限・絶対の知識を持つものであり、永遠・無限・絶対の至福状態である」と体験しました、それが悟りです。現代を生きる私たちは、この言葉があるおかげで多少なりとも魂や悟りへの具体的なイメージを持つことができます。

　肉体意識が薄れて気づきが内部に向かい、魂の声を聞いたらどうなりますか。聖典『シュリーマッド・バーガヴァタム』＊は伝えています——ブリンダーバン＊のゴーピーたち（牛飼いの少女たち）は、神の化身シュリー・クリシュナ＊が奏でるフルートの音を聞くやい

神さまが呼んでいる！

なや、鉄が磁石に引き寄せられたかのように個人の魂（ミクロの魂）が神の魂（マクロの魂）に引きつけられ、クリシュナと一体化してサット・チット・アーナンダという至福の海を味わった——。

　魂は絶対の至福です。無限で永遠です。もし、無限で永遠なものをもらったら、一時的で有限なものはもういらないでしょう？　魂と比べて、世界の喜びや幸せはとても小さなものです。クリシュナは私たちのハートでもフルートを吹き、「魂はここにある。気づいてください、気づいてください」と呼び掛けています。

聖典の学び方

　聖典にはさまざまあり、内容が精妙過ぎて難しいものもあるので選択は重要なポイントです。実践的（practical）、普遍的（universal）、論理的（logical）、現代的（modern）、調和的（harmonious）、包括的（holistic）という6つの観点から、私は『バガヴァッド・ギーター』『シュリーマッド・バーガヴァタム』『ウパニシャッド*』『聖書』『釈迦の言葉』『ラーマクリシュナの福音*』のほか、スワーミー・ヴィヴェーカーナンダ*の『カルマ・ヨーガ』『バクティ・ヨーガ』『ギャーナ・ヨーガ』『ラージャ・ヨーガ』『立ち上がれ　目覚めよ』という本をお勧めします。[4]

　また、学習するにあたっては、真理を悟った霊性の師（グル）や知識を実践して身につけた僧や先生から学ぶこともポイントです。インドの伝統に師と弟子が寝食を共にして学ぶ「グル・クラ」というシステムがあるように、「生きる聖典」である師との直接交流は「神聖な交わり」と呼ばれて重要とされています。とはいえ、教える者がふさわしい人物かどうかはよく観察してください。哲学用語や美

しい言葉で神や真理を語っていても日常の行動が聖典の教えと反するようなら──たとえば聖典の偉大な教えである「心と言葉と行動の一致」を実行していないなら、注意が必要です。不純な人と交わることにより、否定的な影響を受ける危険もあります。

　　［4］『バガヴァッド・ギーター』、『シュリーマッド・バーガヴァタム』、『ウパニシャッド』、『ラーマクリシュナの福音』、『カルマ・ヨーガ』、『バクティ・ヨーガ』、『ギャーナ・ヨーガ』、『ラージャ・ヨーガ』、『立ち上がれ　目覚めよ』は日本ヴェーダーンタ協会から出版されている。

内省

　気づくには現状把握が必要で、そのために「内省」（自分の心を観察し分析すること）は重要な実践です。科学者が水中の微生物を顕微鏡（けんびきょう）で観察するように、実践者は内省という顕微鏡を使って自分の心の中を観察します。このとき、自分の良くない部分を目の当たりにしても感情的にならず、良い点は評価し、悪い点は修正するという態度でいどんでください。

　「今日の一針（ひとはり）、明日の十針（とはり）」（今日一針縫えば済むほころびが、明日になったら十針も縫わなければならなくなる、そうならないよう今日のうちにほころびを縫っておこうという意味）という金言があります。普段から内省を心掛ければ、日常に流されて見過ごしがちな心の汚れに気づくことができ、大ごとになる前に取り除くことができます。また別の素晴らしいメリットが、心を率直に見る作業を通じて忍耐と自己信頼が育つことです。自分を信頼できる人ほど人を信頼でき、人を信頼できるということはその人にとっての喜びであり幸せです。

内省の方法

　ふつう、私たちの意識は心と同化しており、心が自分のすべて（全人格）だというふうに感じています。ですから恐れ、心配、怒り、緊張などのネガティブな感情が心に浮かぶと、それらと同化して圧倒され、自分の全存在を否定的に思い込んだりするのです。内省は自分から心を切り離し、自分を心の観察者として行うものです。「自分と心は異なる」という認識を持つうえでも内省は重要な実践です。

　具体的な方法ですが、集中できる環境と時間が必要なので、瞑想［5］のために座る最初の時間を内省にあてるとよいでしょう。初心者なら内省と瞑想にそれぞれ１５分という時間配分が適切です。毎日できるとよいですが、忙しい人は仕事の休日を実践にあてて曜日と時間を固定し、「決めたら守る」という決意のあと始めてください。決意しないと途中で実践をやめてしまう可能性があるからです。「たまに内省」も「困った後に内省」も実りはほぼないと肝に銘じてください。ところで「私は瞑想しているから内省の必要はない」と考える人がいますが、瞑想とは真理を集中して思うこと、内省とは自己観察と分析で、両者は全く異なるものなので、瞑想も内省も両方行うことが重要です。

　　［5］瞑想とは1つのことを集中して考えることであり、霊的実践において
　　は永遠の一者（神、ブラフマン、純粋意識、魂と言うこともできる）を想像し、
　　それに気づきを向け続けて集中することである。

内省のテーマ

・毎日の生活の観察

　これは最も基礎的な内省で、日々過ごす環境（家庭、職場、学校、コミュニティなど）における自分の思考や言動を振り返るものです。会話であれば、何についてどう話したかを内省することで、自分の興味が本当は何に向いているのかに気づくことができるでしょう。また義務（仕事や家事や勉学など）については、それをどのような態度で取り組み、どのようなスケジュールを立て、どう対処したかや自分の振る舞いに問題はなかったかなどを内省します。

　現代人に増加している鬱病（うつびょう）や不眠などの精神障害は、忙し過ぎる毎日も一因だといいます。し過ぎるのは自分に負荷をかけることだと理解しているか、忙しいのが充実した毎日だと勘違いしていないか、内省してみてください。日々の生活はどんどん流れていきます。いちど立ちどまって内省すれば、心の疲労や異変に気づけるのです。すると対処も可能になります。やがて心がしずかに落ち着けば、心身ともに健やかになり毎日が充実します。

　内省は人生という川を渡る舟の舵（かじ）であり、人生という道を進む車のハンドルであると言われます。それほど大事なことなのに、その恩恵に気づかずそれをせずに生きるなら、人生の川に流されるも同然です。「私にはしなければならないたくさんのことがあり、内省したくても時間がない」と言う人もいるでしょう。ですが数分か数十分でよいのです、内省や瞑想の時間を持ってください。またそうしなれば心身がまいってしまうでしょう。周囲の状況が自然に変わることはなく、変化はみずから気づくことによってもたらされます。

・人生の目的について考える
　日本の自殺率は世界の中でも高いほうで、それは経済的問題のほ

かに、生きている理由が分からないと悩む人が多いからだと聞きました。そのようなときこそ「人生の目的」について興味を持ち、それを深く考えてください。人間にとって本質的な問いであるため重たいテーマだとか、答えなど見つからないと思い込む人がいますが、この内省が人生をけん引することに気づいてください。このことと向き合わずに放っておくか、答えを探すのかで人生は大きく変わるのです。もし向き合わずに人生の終わりを迎えたとしたら、あなたは幸せでしたか、あなたの望みは実現しましたかと聞かれて「はい」と答えられる人はいないでしょう。

　人間として誕生したこの人生には偉大な価値があります――人間は、何が正しくて何が正しくないか、何が道徳的で何が非道徳的か、何が永遠で何が一時的かという識別ができますが、動物にその能力はありません。人間は、心の成長、知的成長、霊的成長ができますが、動物にはできません。人間は、至福（アーナンダ）という最高の喜びを経験できますが、動物にはできません。人間は、魂すなわちサット・チット・アーナンダであると悟ることができますが、動物にはできません――人間はこれらすべてを成就できるのであり、それゆえ人間としての誕生は偉大で最高のことなのです。そのことについても気づいてください。

　内省は魂を信じているとか信じていないに関わらず、誰でもできる実践ですが、しかしながら人生で最終的に必要なのは霊性の知識なのです。すなわち、自分は滅びゆく肉体や心などではなく、永遠で無限で絶対的至福そのものの魂なのだという気づきです。ですからそれに関する知識を学んでください。真理を遠ざけないでください。真理を恐れないでください。魂と自分とは無関係などと決して

思わないでください。「人生の川に流される」とは、自分は肉体だ、心だ、やがて滅びる一時的なものだと思い込むことで、それが鬱病、引きこもり、人間関係などの諸問題の源流にあるのです。そのことに気づいてください。今は家族や友人や仕事を自分の避難所のように思っているかもしれませんが、しかし彼らは永遠でも完全でもなく、一時的で不完全なものです。彼らを頼ってから「頼りにならない」と嘆くのではなく、たった今から永遠の避難所を探してください。永遠で完璧な魂、真我、神を信じてください。

・心の状態のチェック

　心には「ネガティブになりやすい」という特徴があります。この内省は、心の中のネガティブ性（エゴすなわち利己性、執着、うぬぼれ、嫉妬、怒り、憎しみ、強欲、自己抑圧など）をチェックするものです。たとえばある考えを取りあげて、そこに自己中心的要素はないか、怒りや欲望といったネガティブな衝動が隠れてないか、謙虚なことを言っているが心の中はどうなのかなどを調べるのです。健康診断では肉体を調べますが、内省では心を調べ、結果を分析し、心をポジティブに調整します。医学的に見ても、ポジティブ思考は新たな脳細胞をつくり、病気になっても完治しやすいという一方、ネガティブ思考は免疫力を低下させ、心身の不調を招くと言われています。

第2章　気づきの物語

ワシとニワトリ

　ある人が、ワシの卵をニワトリの卵の隣に置きました。ワシは生まれ、ニワトリと一緒に育ち、ニワトリと同じように鳴き、土から虫をついばみ、空を飛ぶことなく地面を歩いて年老いていきました。あるとき空に、素晴らしく大きな鳥が自由自在に飛ぶのを見て、友にあの鳥は何ですかとたずねました。友は答えました。

知らないのですか？　あれは鳥の王者、ワシですよ。
私たちは地上の生き物ですが、ワシは空の生き物です。
私たちには自由がないけれど、ワシには自由があります。
私たちには限度があるけれど、ワシには限度がありません。
私たちは醜いけれど、ワシはとても美しい。

このワシは、自分がワシだと知ることなく一生を生き、死にました。このワシは、自分は小さいものではなく大きなものであると、普通のものではなく特別なものであると、束縛されたものではなく自由で無限な力を持つものであると知らずに死にました。

ヒツジライオン

　生まれてすぐ母親をなくした赤ちゃんライオンがいました。そのライオンはヒツジとともに育ち、メエメエと鳴き、草を食み、大きな動物を見ると怖がって逃げていました。ある日ほんもののライオ

ンがヒツジの群れを襲い、群れの中にヒツジのようにふるまうライオンを見つけ驚きました。

お前はライオンなのに、なぜヒツジのように暮らしているのだ？

ヒツジライオンはライオンの言うことが分かりませんでした。そこでライオンは、ヒツジライオンを湖へ強引に連れていき、湖面に互いの顔を映して見せ、次に肉を食べさせました。はじめは肉の臭い（にお）を嫌がっていたヒツジライオンも、やがて肉の血の味をおいしいと感じ、自分はライオンだとはっきりと理解しました。そしてワオーと吠（ほ）えて森へ入っていきました。

探しつづけるジャコウジカ

　雄（おす）のジャコウジカのへそからは素晴らしいムスクの香りがします。ジャコウジカはいつも立ち込めている素晴らしい匂いを嗅（か）いで、「なんという素晴らしい至福（しふく）の匂いだろう！　これはどこから来ている

ジャコウジカ

真理はすでに自分の内にある

のだろう？」と探し回ります。ジャコウジカは自分を見ずに、外ばかり探して、至福の源を知らずに一生を終えていきます。

死神からの連絡

その人の前に突然死神があらわれて、「さあ、行きましょう」と言いました。その人は、「私は行きませんよ。事前に何の連絡もしてこないなんて、そんな失礼な人とは絶対に行きません。帰ってください」と答えました。死神は、「いいでしょう。次は連絡してから迎えに来ます」と言って立ち去りました。その人がだいぶ年をとった頃、また死神があらわれて、「さあ、行きましょう」と言いました。当然のごとく連絡をしてこなかったと憤慨すると、死神は「私は何度も連絡しました。あなたの歯は抜け、髪は白く、皮膚はしわだらけになったでしょう？　でもあなたは私の連絡にまったく気づきませんでした」と言って、こんどは問答無用に連れていきました。

１０人目の人

１０人の仲間で旅の途中、大きな川に出くわしました。近くに舟もなく、橋もなく、仕方ないので歩いて渡ることにしました。全員渡り切ったところで仲間のひとりが人数を数えました。１人、２人、３人……９人、あれ、１人足りないぞ。おかしいな、もう一度、１人、２人、３人……９人、やはり、１人足りないぞ。きっと仲間の誰かが川に流されたのだと思い、悲しんで泣いていると、別の旅人が「私が数えてあげましょう」と言いました。１人、２人、３人……９人、１０人。旅人は、人数を数えていた人を指して、「あなたが１０人目の人なのです」と告げました。

第3章　今の自分の状態への気づき

今の自分の状態への気づき

　ワシは自由であることに気づきませんでした。ヒツジライオンは強さに気づきませんでした。ジャコウジカは自分の中の美しい香りと至福に気づきませんでした。死神に連れて行かれた人は人生の時間は有限であると気づきませんでした。１０人目の人は自分自身が気づきの対象なのだということに気づきませんでした。さて、私たちにこれらの気づきはあるでしょうか？　内省してみてください、もしかしたら気づかないほうが楽だと思っていませんか？

気づかないほうが楽だと思っていることに気づく

　心は新しいことを取り入れるのを怖がり、良くない習慣でも慣れていることは変えたくないと思い、見たくない現実は見ないでおこうと思います。見てしまったら自分がしたことの責任は自分がとらなければならない、それだったら気づかないほうが楽だ、と思うのです。心は責任を負うことを嫌がります。

　ですがそれでは体調を崩して病院へ行って、医師から食事制限と適度な運動が必要だと診断されても「そんな大変なことはしたくない。毎日忙しいし好きなものを食べたい。楽に治す方法はありませんか？」と言うようなもので、治るものも治りません。内省してください、「私は自己成長したいと思っている。そのための気づきを得たいと思っている。だが心底そう思っているだろうか？　もしかしたら『気づかないほうが楽』と思っていないか？」と。矛盾の解消

は矛盾に気づくことから始まります。

　ある人がどうしたら幸せになれるかと尋ねました。僧は無執着を実践するよう助言しました。するとその人は首を横に振り、「私は出家僧（世俗の生活を放棄した僧）ではありません。家族と仕事があるのです。それをあきらめて生きるなんて到底できない話です」と答えました。その人は率直な考えを口にしたまでのことでしょう。ですが無執着とは世俗の生活を放棄することではなく、私中心というエゴ意識に執着しないということです。内省してください、「『楽な方法で幸せになりたい』とは、実は『幸せになりたくない』ということと同じではないか？」と。この内省を深めれば、心に矛盾があると気づくでしょう。矛盾は弱さや無知から来ていることにも気づくでしょう。

内なる矛盾に気づく

　人と人、国と国、宗教と宗教など、世界にはさまざまな対立があります。同じように、自分の中にも対立があることに気づいてください。私という人物はひとりでも、心の中には「見せたい私」（演出された私）、「なりたい私」（理想の私。魂は完璧な理想なのでこれは当然なことです）、「現実の私」（実際の状態の私）がいるのです。そしてそれぞれの主張が異なると対立が始まり、葛藤や自己抑圧につながります。解決の糸口は、「思考と言葉と行動を一致させる」ことを心掛けることです。これを続けていけば、内なる対立と矛盾は徐々にやわらぎ、３人の私が１つの人格へ統合していきます。最終的には完全な人格、すなわちサット・チット・アーナンダになるのです。

自分は変わりたくないことに気づく

人は、自分と関係のある誰かに対して自分の思い通りに変わって欲しいと思うものです。夫は妻に対して、妻は夫に対して、上司は部下に、部下は上司に、友人同士でもそう思います。内省してください、「自分が変わる必要はないのか？」、そして「相手に変わって欲しいという真意は、自分は変わりたくないことの裏返しではないか？」と。心はもちろん良くない状況を変えたいとは思っています。と同時に自分が変わるのは大変だとも思っているのです。そして自分が正しいのだから変わる必要はないとか、あの人は利己的だから態度を変えるべきはあの人だなどと理由をつけて、相手に変わることを要求します。

しかし悟った人以外、完璧な人はいません。それに良いところもあれば悪いところもあるのが人間です。自分にも欠点があり、相手にも長所はあるのです。それなのに自分の正当性だけを主張したり、批判する一方で自分が批判されると怒ったり、人の欠点は見つけるけれども自分の欠点を見なかったり、人が褒められるのを嬉しく思わなかったりするのは、「私の方が優れている」という自己愛やうぬぼれや嫉妬が表面化したものです。道徳性を重んじる人なら尚のこと、道徳に反する主張になっています。道徳の基礎は他人を思いやる気持ちにあるのですから。

責任は自分にあると気づく

内省を深めれば深めるほど、あらゆる問題の原因は外部の環境や人ではなく、自分の内部のエゴ（利己性）だと気づいていきます。すべての責任は自分にあると心の底から思えたとき、それがモチベー

ションとなって、非利己性に向かうべく実践が始まります。まず、今までと反対の振る舞いを心掛けてみましょう。他人を批判していた人は他人の長所を見つける努力をし、自分の欠点を見ていなかった人はそれを見つめる実践をします。また。人にしたことばかり覚えている人は、人からしてもらったどんなささやかなことも覚えておくようにします。するとあらゆる問題が良い方向へ転換していくでしょう。

　ところで責任というと、カルマの法則［6］による説明も可能で、それは「未来を良いものにしたいなら、現在のカルマ（行い）を良いものに変えよう」という気づきです。それを運命論のように捉えて自分では努力をしないとしたら、その人に何も良いことは起こりません。

　　［6］すべての行為はその善悪に応じて必ず快または苦の形をとってあらわ
　　　れるという、インド哲学の思想。

時間は有限だと気づく

　私たちは時間は有限だとよく知っています。だからこそ貴重な時間を有意義に使おうと思います。ですが現実の生活は忙しく、それができないということも事実です。では次のことを内省してみてください、「私は本当に忙しいのだろうか？　友人とのたわいないおしゃべりやスマートフォンに費やす時間はあるのではないか？　そのための時間ならいつでも用意しているのではないか？」と。忙しくても好きなことには時間を割いているようなら、「忙しい」という言葉は有意義であっても気が向かないことをしないための言い訳に

なります。そうしないために有効な実践が、毎日のスケジュールを作りそれに従うことです。この実践は第3部で詳しく取りあげます。

心の潜在能力に気づく

心は多くの問題を引き起こします。しかし心の言いなりになることをやめて、心の（奴隷でなく）主人になることができたら、心は素晴らしいサポート役に変わります。心には偉大な力があるのです。

ある有名なダンサーが病により片脚の切断を余儀なくされました。復帰は不可能という世間の見方に反し、数年後、見事にダンサーとして復活しました。これはインタビューで語られた彼女の印象的な言葉です——「踊るために大事なのは脚ではありません。心の力です」

事故でやはり片脚を切断した若い女性が、世界一高い山エベレストへの登頂を試み、「できると思えば必ずできる」という強い意志力で苦難のすえ成功させました。ヴィヴェーカーナンダの言葉を読んで心の潜在能力に気づき、自分の心の力を信じて挑んだというのです。その言葉とは、「立ち上がれ、眠りから目を覚ませ。あなた方一人ひとりの中には、すべての苦しみ悲しみを取り除く力がある。それを信じよ。信じればその力をあらわすことができる」。

それほどの力が私たちの心には潜んでいるのです。問題は、それへの気づきがないこと、気づいてないので力をあらわせないことです。脳についても同様で、人の脳細胞は一部しか使われておらず脳には余力があるというのに、私たちは自分で限界を決めては私にはできない、能力がないと思い込んでいます。本当は、「私には力がある。だが気づいていないのでそれを使うことができない」、これが正しい事実です。

　では力を発揮できるようになる実践はあるのでしょうか？　その代表が瞑想です。瞑想は心を落ち着かせ、集中する力を養い、無心状態に入るのを手助けし、潜在的な力や知性にアクセスするのを助けます。

奴隷状態、催眠状態であると気づく

　ヴィヴェーカーナンダがアメリカの講演会場で、「あなたは魂です。あなたはアートマンです。あなたはサット・チット・アーナンダです。あなたはすでに自由で、無限の力があり、至福そのものです」と語りかけていると、ある女性が「あなたは催眠術をかけているのですか？　私たちは魂、とあなたはおっしゃいますが、私には名前があるし、家族がいて、仕事もあります」と言いました。ヴィヴェーカーナンダは「あなたはすでに催眠にかかっています。その催眠状態から目覚めてください」と答えました。

　私たちはすべてを自分で考えて判断し、すべて自分が行動していると思っています。ですがよく分析してみると、考えや判断や行動は、肉体・感覚・心・記憶・知性・自我からの影響によっていると気づきます。寝たくなくても寝なければならず、食べたくなくても食べなければならず、飲みたくなくても飲まなくてはならない状況は肉体の影響によることであり、それは肉体の影響下・支配下にある奴隷状態だと気づくでしょう。また感情や思考の動きは心の影響によることで、それは心の影響下・支配下にある奴隷状態だと気づくでしょう。ですが「自分は肉体でも心でもない」と気づけたら、ただちに奴隷からから解放され「サット・チット・アーナンダ」という自由を得ます。ヴィヴェーカーナンダは、魂を肉体・感覚・心・

記憶・知性・自我とみなしている状態を、魂の催眠状態（hypnotize）と比喩し、その催眠から覚醒して（dehypnotize）魂への気づきを得てください、と答えていたのです。

英語で「解脱」＊を liberation と言います。字義は「束縛からの解放」「自由」です。人間の歴史は、自由を愛し、求め、ときにはその獲得を目的に闘ってきた積み重ねですが、それはなぜかというと魂の本質が「自由」だからです。魂が自由だから人はつねに自由を欲するのです。liberation という言葉が、すべての人が自由へ、解放へ、解脱へ向かっていることを示唆しています。

自分と自分ではないものを同一視していると気づく

キリスト教徒アントニー・ディ・メロー（Anthony de Mello）氏の著書『Awareness』を読んで驚きました。「自分を自分ではないものと同一視している」という気づきに満ちた内容で、インド哲学と同じ考えが述べられていたからです。

ふつう、私たちはおなかがすいたら「私は何か食べたい」と思い、批判されたら「私は悲しい」と思い、美術館に行っては「私は美しい絵を見てきた」と言い、時間を経ると「私はその絵を知っている、覚えている」と言います。内省してください、空腹は肉体次元のことで、感情は心の次元、見たのは視覚という感覚の次元、知っているのは知性の次元、覚えているのは記憶の次元、そしてそれらのすべてに関わっている「私」という意識は自我の次元ではありませんか？　次に思い出してください、本当の私は、それら一時的なものとは異なる魂ではありませんか？

私の本質は「魂」という「純粋な意識」であり、物質ではない、

というのは大変重要な気づきです。物質とは、粗大であれ精妙であれ粒子で作られたものであり、肉体・感覚・心・記憶・知性・自我のすべてがそれに該当します。純粋な自分（魂）を、物質という不純物と一緒にしないでください。不純物が混じったものを自分だと思い込まないでください。自分を、小さなもの、弱いもの、醜（みにく）いものと思わないでくだい。ワシはニワトリではなく、鳥の王者ワシであり、ライオンはヒツジではなく、百獣の王ライオンです。

一時的なものに執着し束縛されていると気づく

　自分と自分ではないものとの同一視はまだあります。自分と自分の名前との同一視、性別との同一視、私は夫である / 妻である / 親である / 子である / 上司である / 部下であるなどの立場や役割との同一視、職業や国籍との同一視などです。それらに愛着を持ち、同一視し、そこから執着や束縛が生まれます。

　次のことを内省してみてください、「それらは今生（こんじょう）だけの一時的なものではないか？」と。もしかしたら前世では別の国に別の性別で生まれていたかもしれません。それなのに今生のアイデンティティーだけが全人格だと思いそれに束縛されるのは意味のないことです。今生は数えきれないほどの輪廻転生の一部にすぎないのですから。［7］

　どれほど転生を経ても変わらないものがあります。魂です。魂だけが永遠不滅の「実在（じつざい）」であり、それ以外のものは一時的で有限な「非実在（ひじつざい）」です。

　　［7］インド哲学では輪廻転生（自分の本質である魂を悟るまで、誕生と死

を何度もくり返して生まれ変わる）を認めている。

自分が自分を一番知らないと気づく

　伊勢、高野山、高千穂などの神聖な土地は、いまや運気を高める
パワースポットのようです。けれどもそこへ行って得られた効果は
どれほど続くでしょうか。数時間でしょうか、数日でしょうか。

　永遠のパワースポットは最も身近にあります。魂です。なぜなら
魂はサット・チット・アーナンダですから。ですがそのことに気づ
かない人はあのジャコウジカのようにパワースポットやスピリチュ
アル・ヒーラー巡りをくり返し、あるいは死神の訓話に出てきた人
物のように自分だけは当分死なないと思って、「よく生き、よく死ぬ」
［8］ことを怠ります。共通する問題は「気づきがない」ということ
です。気づかないかぎり、堂々巡りは続き、肉体が滅ぶときが自分
の終わりだと思い死を恐れます。これは否定的な意味で言っている
のではありません。皆いつか死ぬのですから「悔いなくよく生きた」
と言えるよう、準備をしましょうと言っているのです。そのために、
聖典を学んで知性の面で成長し、心をきれいにする実践を行い心の
面で成長し、内省や瞑想などの実践を続けて自分は魂でありサット・
チット・アーナンダであり決して滅びないと体験することが重要で
す。多くの情報を得られる現代ですが、最も身近な自分についての
情報がない、というのは奇妙なことです。

［8］書籍『輪廻転生とカルマの法則』（日本ヴェーダーンタ協会出版）第1章「よ
　　く死ぬ」を参照。

第4章　より高い生き方への気づき

真の幸せに気づく

　この世界のすべては一時的なものであり、変化し無くなるもので
す。変化して無くなるものに幸せの基準を置くかぎり、不安、心配、
恐怖、失望、苦しみ、悲しみから離れることはできません。真の幸
せとは何だろうかと内省してください。最初に気づくことは、不安、
心配、恐怖があるあいだは幸せとは言えない、ということです。

　「アートマンを見出すことができたとき、自我は真の満足を味わ
　う」(『バガヴァッド・ギーター』第6節20節)

　アートマン、魂、サット・チット・アーナンダを見出すことがで
きたとき、不安、心配、恐怖は完全に消え、完全に安らぎ、完全に
満ち足り、真の幸せを得ます。

より高い生き方への気づき

　私意識があるかぎり、自分と他人という区別があります。私意識
が弱まり自分に執着しなくなると、他人と自分が等しくなり区別が
なくなります。そして自分にも他人にもすべてのものにも同じ魂が
内在していると気づいたとき、不安、心配、恐怖は完全に消え、完
全に安らぎます。私たちが財や家族や名声を手にしてもまだ満ち足
りないのは、本当に欲しいのはそれらではなく、完全に安らぐ自分
の心なのです。言い換えれば純粋な心、私利私欲のない無条件の愛

です。その心、その愛が、自分に調和をもたらすだけでなく、外の世界にも調和をもたらします。

「自分のためだけに生きている人は死んでいるに等しい」

'Those who live for themselves are more dead than those who live for others.'（スワーミー・ヴィヴェーカーナンダ）

気づきをはばむ障害

これまで、誰の人生にも必要な特別な気づきと実践についてお話してきました。しかし集団思考的な考えから、「他人が実践しないのに、なぜ私だけ実践する必要があるのか？」と思ったり、心の思うままに振る舞うことが「意志の自由」だと言う人たちは、「実践？とんでもない。それは自由を奪う訓練ではないか」と主張するかもしれません。また、実践は大変だとか実践しない方が楽だという思い込みはなかなか消えるものではないですし、別の問題が、目指す理想と実際の行動が真逆で、心のしずけさを望みながらも落ち着きをなくすような行動をとることです。ほかに、怠け心、浅い考えや表面的な学び、マーヤー＊、サムスカーラなど、気づきをはばむ障害は数々あります。

ここで今の状態は誰の責任でもなく自分の責任であること、理想と現実の行動が食い違ったまま努力を続けても平安は見いだせないことを、あらためて認識してください。このことに本当に気づけたら、そこからパラダイムシフトが始まり人生に劇的な変化がおとずれます。

実践においては心を制御（コントロール）する意識をもって行い、

観察においては目標とやり方が矛盾しないよう気をつけます。あなたの人生はあなたのもので、人生を完全に満ち足りたものにするのも、中途半端なものにするのも、あなた次第なのです。

「心と頭をポジティブな思考で満たしてください」

少しリラックスして次の言葉を聞いてください。

「心と頭をポジティブな思考で満たしてください」

このヴィヴェーカーナンダの言葉はすべての人に届けられるべき重要なメッセージです。真の幸せへの道はポジティブ思考から始まるからです。なぜなら魂とは最もポジティブだからです。ポジティブなもの（魂）は、ポジティブなもの（ポジティブな心）でしか気づけません。

ですから人の欠点を見ず、長所を見てください。人間として誕生したこの人生はとても価値あるもので、神からの偉大な贈り物だと考えてください。私は弱く、無知で、非力で、自由のない、束縛された存在ではなく、私はサット・チット・アーナンダだと考えてください。

するとワシになります。ライオンになります。ジャコウジカの香りや至福はすでに自分の中にあり、10人目の人は自分であり絶対の自由、知識、力、至福そのものだと気づきます。いつ死神が来ても、「私は今生をよく生きた。ここから出て行く準備も、死んだ後に別のレベルで生きる準備もできている」と言い切ることができます。

第2部　ポジティブに生きるための実践

第1章 ポジティブに生きる ～7つのエピソード～

エピソード1 「結果が出るまであきらめない」

　これは『ラーマクリシュナ＊の福音』からの抜粋です［1］——あるとき、ある地方に日照りがあった。農夫たちは、わが畑に水を引こうと長い水路を掘りはじめた。一人の農夫は頑強に決意した。彼は畑から水路を川につなぐまでは掘ることをやめない、という誓いをたてた。彼は仕事をはじめた。沐浴の時刻が来たので、妻は娘に油をもたせてやった。「お父さん、もう遅うございます。身体に油をこすりつけて沐浴をなさい」と娘は言った。「帰れ！　仕事が忙しいからだめだ」と農夫はどなった。正午をすぎたが農夫はまだ畑で働いていた。沐浴のことなど考えもしなかった。今度は妻がきて言った。「なぜ沐浴をなさらないのですか。ご飯が冷めてしまうではありませんか。あなたは何でもやりすぎる。残りはあすか、さもなければご飯のあとでなさってもよいのに」と。農夫は恐ろしい剣幕で妻を叱り、「何！　お前には分からんのか。雨が降らない。作物が枯れそうだ。子供たちは何を食べるのだ？　みな餓死するのだぞ。私はきょう、畑に水を引くまでは沐浴のことも飯のことも考えないと誓ったのだ」と叫びながら、すきを手に彼女のほうにかけ出した。妻は彼の心中を知って怖くなり逃げ出した。

　まる一日たいへん苦労して、夕方、農夫はなんとか彼の畑を川につないだ。そこで彼はすわって、水がざわざわと音をたてて畑に流れ込むのを見まもった。彼の心は平和と喜びに満たされた。家に帰り、妻を呼んで、「さあ、油をくれ、そしてタバコを用意せよ」と言った。

40

穏やかな気分で沐浴と食事とを終え、寝床に入って心ゆくまでいびきをかいた。

　さて、やはり自分の畑に水を引く水路を掘っていた一人の農夫がいた。彼の妻もやはり畑にきて彼に、「もうたいへん遅いからお帰りなさい。物事をやりすぎる必要はありません」と言った。この農夫はあまりさからわず、すきを傍らに置いて妻に言った。「まあ、お前が帰れと言うのだから帰ろう」。この男は、水を引くことはできなかった。

　　［１］『ラーマクリシュナの福音』１０６頁（日本ヴェーダーンタ協会）
　　２０１４年

　最初の農夫は「結果が出るまであきらめない」という態度で目的を達成し、次の農夫は「途中でやめてもかまわない」という態度で結果を出せませんでした。ふたりの違いは何でしょう？　心の力です。私たちも向上心から始めた行いや習い事が続かないことがあります。自分を成長させようと素晴らしい考えを持ったのに、自分の力を信じきれずあきらめてしまったのです。

　ビスミッラ・カーン（Bismillah Khan：1916－2006）という音楽家を知っていますか？　寺院や結婚行列などで奏されていた素朴な木管の民族楽器、シェーナイを世界に知らしめた人で、表現力豊かな演奏は国境を越えて人々を魅了し、晩年には「インドの宝」という称号が贈られたほどでした。インタビューで毎日のスケジュールについて聞かれたときのこと、彼は「祈りと練習は欠かせません」と答えました。敬けんなイスラーム教徒だったカーンは日に５回の

祈りを欠かしませんでした。同じ熱心さでシェーナイの練習にもエネルギーを捧げ続けたのです。音楽家であれ、スポーツ選手であれ、経営者であれ、歴史の偉人であれ、農夫であれ、結果を出す人たちは、自分が決めたことを貫く心の力を持つ人です。自分を信じることで内なる心の力につながり、強固な意志を発揮するのです。

エピソード2 「愚痴を言わずにやり続ける」

　アメリカ合衆国第３４代大統領アイゼンハワーが最大の影響を受けた人物は「母」だそうです。それほど母親を尊敬していました。これは幼いころ、家族でトランプゲームをしていたときのエピソードです――「悪いカードばかり回ってくるよ」と文句を言う息子に、母は不意に真剣になり、「あなたの元には良いカードも悪いカードも回ってきます。それをいちいち気にしていたらゲームは続かないでしょう？　やるべきことは悪いカードを気にしないでゲームを続けることです。息子よ、よく覚えておきなさい。人生もゲームと同じで良いことも悪いことも起きます。愚痴や文句を言いたくなるかもしれません。でも気にせず歩いていきなさい。愚痴や文句が助けになることはないけれど、前を向いて歩いていけば、やがてその生き方があなたを助けてくれるからです」と言いました。

　サッカー選手が試合中にケガをすると、一旦フィールドの外へ出て手当を受け、その後何もなかったかのように試合を続けます。同じように、人生というフィールドで問題が起きても気にせずゲームを続けるのです。「人生とは神が私たちを遊ばせる遊技場。そこで起こることすべては神のお遊び」という考え方があります。そうであるなら神のお遊びに全力でいどみ、そこで起こることは全知全能の

神にゆだねましょう。そのように人生を肯定的（ポジティブ）に捉えられたら、問題が起きても「最後までゲームを続ける！」と言える力が湧きます。愚痴や文句を言って事態が好転することはありません。それはただ自分の力を弱め、幸せを遠ざけるだけです。

エピソード３「逃げずに立ち向かえ」

　スワーミー・ヴィヴェーカーナンダ＊のインド遊行（ゆぎょう）時代の体験です——ヴァーラーナシー（ベナレス）のドゥルガー女神の寺院を参拝して帰る途中、いたずらな野生ザルの一群が彼を猛然と追いかけてきました。逃げようとするとさらに勢いを増し追いかけてくる始末。そのとき老僧が「逃げないでケモノたちに立ち向かうのだ！」と叫んだのです。そこでヴィヴェーカーナンダが立ちどまり振り返ってサルたちと向き合うと、彼らは一斉に退散していきました。[2]

　のちにヴィヴェーカーナンダはこのことから大きな教訓を得たと語っています。それは、「問題が起きたら逃げずに立ち向かえ」とい

立ち向かえ！

うことです。人生の諸問題もサルたちの行動と同じです。目の前の困難や恐怖、心配から逃げると、あとになって同じ問題がさらに大きくなって戻ってきます。でも立ち向かえば、問題は退却していきます。

　［２］『ヴィヴェーカーナンダの物語』２７頁（日本ヴェーダーンタ協会）２０１４年

エピソード４「自分を信じる」

　心がネガティブに傾きがちな人が増えています。自分に自信を持てず、人間関係に神経質だったり繊細過ぎて落ち込んだりするのです。学校生活や就労をあきらめて部屋に閉じこもる人もいます。

　私はインドから日本に来て初めて日本の歴史を学びましたが、大変驚いたことは、第二次世界大戦に敗れて大きな痛手をこうむった日本が、２０年もしないうちに世界的イベントである「オリンピック」の開催国となるだけでなくそれを成功させ、新幹線を開通させたことです。悲惨な戦争で深い傷を負ったのは一人ひとりの日本人でした。その日本人一人ひとりが、母国日本を焼け野原から先進国にまで押し上げたのです。また第二次世界大戦前の１９２３年には関東大震災もありました。首都東京はほぼ焼失し、大勢の人が亡くなったといいます。その大変な状況から復興を成し遂げたのもやはり一人ひとりの日本人です。私はこの国の歴史がいみじくも日本人の性質を明らかにしていると思います。それは、自分を信じること、あきらめない態度、前向きな気概、誠実さ、真剣さ、忍耐強さ、努力、思いやり、助け合いという心の力です。私はそのような性質に接す

るたび感動しています。だからこそ、「自信がない、力がない」と思い込み引きこもっている人たちに伝えたいのです、どうかあなたがた日本人が成し遂げたことを見てください、あなたにも日本人本来の力があるはずです、それを思い出してくださいと。日本人は偉大な心の力を持っています。

エピソード5 「私はできる」

　ヒマラヤにはケダルナート、バドリナート、アマルナート、トゥングナートなど数々の聖地があり大勢の巡礼者が訪れます。その地を巡礼すれば心がきよめられ、神の恩寵により解脱し至福を得ると信じられているのです。ですが重い荷物を背負って徒歩で登る道のりは険しく、深い川や崖に面した細い道が続き危険と隣り合わせです——そんな旅の途中、ヴィヴェーカーナンダは絶望的な様子で山の斜面に立ち尽くす、ひとりの老人に出会いました。苦しそうに呼吸して、もうどうしようもないといった様子で、「お坊さん、私の胸は破れそうだ。もうこれ以上のぼれない。どうすればよいのでしょう……」と問いかけてきます。じっと聞いていたヴィヴェーカーナンダでしたがおもむろに口を開いて、「おじいさん、うしろをふり返ってあなたの足もとまでの道をご覧なさい。その道を歩いてきたのは誰でしょう、ほかの誰でもない、あなたです。そしてもう一度前を向いて、あなたの足もとをご覧なさい、足もとから前へ続く道をご覧なさい。その道も、あなたが歩いてきた道とまったく同じ道です。ですから前へ進んでください。前へ進めば前の道はやがてあなたの足もとに来、さらに進めばその先の道もやがて足もとに来ます。残りはあと少しです。あきらめないで歩き続けてください」と言いま

した。老人はこの言葉に励まされ、大きな勇気を得て、ゆっくり、ゆっくりと、目の前の道を歩き始めました。[3]

　あきらめることは簡単です。ですが何事も、「私はできる」と信じることから始まります。「私はできる」「失敗してもあきらめない」「最後までやり通す」、この考えの揺るがないことが自分を信じるということです。自分を弱いなどと思わないでください。それは間違った思い込みで、自分で自分に「あきらめなさい」と催眠をかけるのと同じです。

　　[3]『ヴィヴェーカーナンダの物語』２９頁（日本ヴェーダーンタ協会）
　　２０１４年

エピソード６ 「人の良い性質を見よう」

　ある先生がこんな授業をしました――「クラスメイト全員の名前を紙に書いてください。次にそれぞれの良い点や素晴らしいと思うところを思い浮かべて名前の横に書いてください」。生徒たちはその課題を仕上げ、提出しました。別の日、それらを元に作成された、生徒一人ひとりの「長所リスト」が全員に手渡されました。それを読んだ生徒たちからは「本当？」「私にそんなところがあるとは知らなかった！」「みんなが私をこんなに好きでいてくれたなんて嬉しい！」という声があがりました。その後先生が生徒たちからリストについての話題を聞くことはありませんでしたが、授業の目的は達成したのです。生徒たちは自分にも友達にも満足して卒業していきました。

　数年後、生徒のひとりがベトナムで戦死し、先生は葬儀に出席し

ました。軍の棺に横たわる彼は美しく大人びて見えました。教会は
彼を愛する人たちでいっぱいで、順に棺の脇を通り最後のお別れを
しました。先生が歩み寄って祈りを捧げると、棺に付き添う軍人が
来て「失礼ですが、マークの数学の先生ですか？」とたずねました。
うなずくと、「マークはよくあなたのことを話していました」と言っ
て敬礼しました。

　葬儀が終わるとマークのクラスメイトのほとんどが会食に行きま
した。そこではマークの両親が先生を待っていました。父親は、「先
生にお見せしたいものがあります。マークが亡くなったとき身につ
けていたものです」と言って、財布の中から古びた紙を慎重に取り
出しました。その紙はテープで補修されていて何度も開いては折り
たたんだ様子で、その紙が何であるかは先生にはすぐわかりました。
クラスメイトたちがマークの良いところについて書いたリストだっ
たのです。

　母親は、「先生、本当にありがとうございました。ご覧のとおりマー
クはこの紙を宝物にしていたんです」と言いました。マークのクラ
スメイトだったチャーリーは恥ずかしそうに微笑み、「僕もまだ自分
のリストを持っていますよ。家の机の引き出しにあります」と言い
ました。彼の妻は「チャーリーはそのリストを結婚式のアルバムに
入れてくれって言ったんですよ」と言いました。マリリンは「私も
リストを持っています。日記帳に入れてあるんです」と言いました。
ヴィッキーは財布の中から古びて擦り切れた紙を取り出し、まばた
きもせず、「私はこのリストをいつも持ち歩いています。私たちはみ
んな、まだリストを持っていると思います」と言いました。とうと
う先生は座り込んで泣き出しました。亡くなったマークと、もう二

度とマークに会えない彼のクラスメイトを思って泣きました。

エピソード７「ハエではなく、ミツバチになろう」

　人の素晴らしいところを探す心は美しい花の蜜に集まるミツバチのようです。人の欠点や過ちを探す心は汚いものにたかるハエのようです。私たちはハエではなくミツバチになって、人の良い性質を見ましょう。すると人を嫌いになることも批判的に見ることもなくなります。けれどもいつも汚いものについて考えていると、それを考えている自分の心も汚れてしまいます。

　ホーリー・マザー・シュリー・サーラダー・デーヴィー＊は、「平安を望むなら誰の欠点も探さないことです」とおっしゃいました。つづけて「誰ひとりとしてあなたの他人はいないのです。あなたが皆で、皆があなたなのですから」と助言しました。[４]いたってシンプルなこの言葉は、「１つの魂があらゆるものに遍在している」というインドのヴェーダーンタ哲学＊の最高レベルの思想と同じ気づきです。私たちが１つの魂であるなら自分と他人を区別することに

ハエにならず、ミツバチになろう

何の意味があるでしょう。自他の区別がなくなった心は「ポジティブに生きる」最高の実例です。

　[4]『ホーリー・マザーの生涯』スワーミー・ニキラーナンダ著　313頁（日本ヴェーダーンタ協会）2005年

第2章　心の傾向と3つのグナ

心の定義〜さまざまな捉え方

　ここであらためて心について考えてみます。心について、哲学や心理学はどう捉えているでしょうか。

　インドのヴェーダーンタ哲学は、心を思考・欲望・感情の場所「マナス」と捉えます。ときにはさらに細分化して、思考・欲望・感情の場所としての「マナス」、能力・判断・決定の場所「ブッディ」、記憶の場所「チッタ」、私意識の場所「アハンカーラ」として心を説明する場合もあります。

　パタンジャリ * のヨーガ・スートラ * では、まったく集中できず落ち着かない心、たまに集中するがすぐ落ち着かなくなる心、長いあいだ集中していたのにそこから堕落する心など、心をさまざまな種類に分類しています。

　西洋心理学は、心をおもに「意識」と「潜在意識」に捉え、潜在意識は意識下に隠れて極めて大きく、意識は氷山の一角であると考えます。ジークムント・フロイトなど、西洋の心理学者は潜在意識の内容に光を当て、そこに数えきれないほどの欲望、感情、コンプレックス、傾向があると結論づけました。

　インドの心理学でも意識と潜在意識を認めていますが、西洋心理学との違いは、インド心理学が前提とする「心の超越状態」（superconscious mind：超意識あるいは超越意識）を、西洋心理学ではほぼ認めていないという点です。超意識とは魂のことで、「心の超越状態（超意識状態）に入る」とはすなわち、魂を悟ることです。

心の一般的な傾向

次に、心の一般的な傾向について考えてみます。心と考えは同義語です。「考えのない心」も「心のない考え」もありません。

・心は落ち着きがない

心は考える対象を刻々と変え、絶えず落ち着くことがありません。ヴィヴェーカーナンダはそのような心の特徴をサルに例えてこう表現しました——サルは普通の状態でもキョロキョロしたりあちこちに移動して落ち着きないものですが——「サルはワインを飲まされてさらに落ち着きをなくし、幽霊に取りつかれて居ても立ってもいられなくなり、しまいには虫に刺されて我慢できない痛みにもだえ苦しんだ」。この話に現代的要素を加えて誰かが面白がってスマートフォンを渡したとしましょう。サルはどうなったでしょうか？　自分を内省すれば私たちの心もサルと大差ないことが分かります。

・心は揺れ動く

心は好きなものを受け取ると喜び、嫌いなものを受け取ると悲しみ苦しみます。心は好き/嫌い、苦/楽、あれをしようか/これをしようかなど二者間を揺れ動き、振り子のように行ったり来たりします。

・心は環境の影響を受ける

心は環境にも左右されます。たとえば都会と田舎を比較すると、都会には心を散漫にさせるものがより多くあります。また暴力がテーマのコンピューター・ゲームは少年犯罪を助長するという説がありますが、たしかに若い心は無垢なうえ、道徳的識別が身についてい

ないので環境の影響をダイレクトに受けてしまいます。同じ注意は大人にも必要で、ニュースやメディアの多くは事件、事故、災害、批判などネガティブなものを扱っているため、接する頻度や時間を減らすなど、避けるべきものは避ける工夫をしてネガティブな波動から身を守ってください。

・心はめったに「今」に集中しない

心が「今」に集中することは滅多にありません。心は過去に引き寄せられて遠い昔のことを思ったり、最近の楽しかったり悲しかった出来事を思い起こしたり、将来を心配したり、未来の計画に夢中になったりします。その結果、「今」がたびたび心から脱け落ちます。

・心は自分を「肉体と感覚」と見なしている

心は心自身を肉体や感覚と見なしています。したがって考える対象もそれに関連のある肉体的・感覚的な喜びや、家族、娯楽、仕事、お金などの一時的なことばかりです。心はみずからを魂と見なしてはいません。魂や、永遠、無限について考えることもほぼありません。

・心はネガティブである

心は批判やうわさ話が好きだったり、人の欠点に注目しがちだったり、やりがいがありそうでも大変な仕事には気が向かなかったりします。心の考えの多くはネガティブか中立的で、ポジティブに考えることは滅多にありません。なぜなら心には恐れ、心配、うぬぼれ、執着、嫉妬、貪欲、怒り、憎しみなど、多くのネガティブ性があるからです。さらに、同じような思考や行為をくり孵すことで作られ

るサムスカーラ＊による影響もあります。サムスカーラには良いものもありますが、ほとんどはネガティブです。

　このような心の状態で仕事をしてもミスしたり、人間関係がうまくいかないなど、様々な問題が生じるのは当然です。加えて、心が考えることは一時的な物事ばかりで、それらから得られる幸せも一時的なものなのです。そのうえ嫌いな人からは逃げることができても自分の心からは逃げられず、この心と一生付き合っていかなければなりません。内省してください、「心が私の主人なのか？　私が心の主人なのか？」──現実を直視すれば心が主人であることは明白で、心の言いなりの状況が諸問題を引き起こしていると分かります。望ましくない状況は根本から変えねばなりません。心を制御（コントロール）し心の内容を変え、自分が心の主人になるのです。

心と３つのグナの関係

　ヴェーダーンタ哲学によると、プラクリティ（根本エネルギー）が宇宙のすべてのものの中に３つのグナ（属性、性質）となって内在し、グナの割合は変化し続けるとしています。［5］３つのグナとはサットワ（純質）、ラジャス（激質）、タマス（暗質）で、ある人の心が、ときには良心を持ち、ときには邪心（じゃしん）を持つのは３つのグナの割合が変化するからであり、人それぞれ性格が異なるのは各人で３つのグナの割合が異なるからだとするのです。

　心も３つのグナで構成されており、ふつう、ラジャスとタマスの割合が非常に高く、サットワの割合は低いものとなっています。心が落ち着きなく環境の影響を受けやすいのも、ネガティブに傾きや

すいのも、一時的なものに幻惑されているのも、それが原因です。言い換えると、サットワの割合を増やすことができたら、心はおのずとポジティブに変わる、ということなのです。

［5］ヴェーダーンタ哲学における宇宙の創造

　最初にあるのはブラフマンのみである。そこから、宇宙となって現れる前の、潜在状態のプラクリティが生じる。次の段階が、現れているプラクリティであり、これはヒランニャガルバ（字義は金の卵）とも呼ばれる。次に、ヒランニャガルバから5つの要素（空、風、火、水、土）が生まれる。これら5要素はすでに3つのグナが備わった（性質でありながら）物質であるが、非常に精妙でタンマートラと呼ばれる。その次に、精妙な5要素をさまざまな割合で混ぜ合わせた粗大な5要素が生まれる。この宇宙は5要素の割合や組み合わせによってつくられた。すなわち［ブラフマン→現れていないプラクリティ（アヴィヤクタ）→現れているプラクリティ（ヒランニャガルバ）→精妙な5要素（タンマートラ）→粗大な5要素→すべてのものと生きもの］である。そしてヴェーダーンタ哲学ではすべてはブラフマンの現れだとしている。

サットワ、ラジャス、タマスの特徴

　ヴェーダーンタ哲学の有名な聖典『バガヴァッド・ギーター』*は、グナの特徴を明確に説明しています。

　　「サットワは人を幸福に結びつけ、ラジャスは人を仕事に結びつけ、タマスは識別力をくもらせて誤謬に結びつける」（第14章9節）

「サットワによる行動の結果は、善美できよらかであるが、ラジャスによる行動の結果は苦痛であり、タマスによる行動の結果は無知蒙昧である」（同16節）

　表1は『バガヴァッド・ギーター』の説明を元に、各グナの特徴をまとめたものです。サットワの割合が増えるほどポジティブ性が増し、ラジャス、タマスの割合が増えるほどネガティブ性が増します。

[表1] サットワ、ラジャス、タマスの特徴

ポジティブ（肯定性）	サットワ（純質）	純粋、神聖、真実、しずけさ、おだやかさ、平安、無欲、無執着、謙虚、安定、調和、中庸、非利己的、普遍的な愛、慈悲、正直、素朴、簡素、質素、親切、寛容、勇気、識別、明晰、バランス、神聖、美徳、幸福、光、知識
	ラジャス（激質）	激性、動性、熱性、欲望、野心、執着、情熱、熱望、怒り、嫉妬、批判、うぬぼれ、焦り、ストレス、落ち着きのなさ、不安定、活動的、活発、働きすぎ、競争、利益追求、知識と無知の混在
ネガティブ（否定性）	タマス（暗質）	暗愚、怠惰、鈍い、幻惑された状態、誤解、不活発、多眠、暴力、動物的、消極的、無知、闇

　ラジャスの項目を見ると、ラジャスのしるしは活動的、落ち着きのない状態、欲望、野心、嫉妬、焦燥感やストレスの多い状態だと分かります。タマスの項目には暗愚(あんぐ)、幻惑(げんわく)された状態、誤解とありますが、タマスが増えると正しい理解や識別が（道徳的識別も霊的識別も）難しくなります。

　聖典はグナを「魂への気づきを覆(おお)い隠すもの」と言い、心がグナに覆われて幻惑された状態を「霊的無知」と言います。すなわちタマスやラジャスが増えると霊的無知は濃くなり、サットワが増えると霊的無知は薄くなるのです。そして薄くなるにつれ、魂の声を聞くようになります（本書、第1部参照）。銘記しなければならないことは、心の理想的状態は「サットワをも超えた状態」だということです。それが「悟り」と言われるものであり、悟りとは、サットワの先にあるのです。ですが高跳びをして到達できることはありません。すべきことは、タマスを減らしてラジャスの割合を増やし、ラジャスを減らしてサットワの割合を増やし、最終的にサットワを超越することです。『バガヴァッド・ギーター』が3つのグナについて詳しく説明するのも、私たちがその目的を達成するためなのです。

サットワ、ラジャス、タマスのしるし

　『バガヴァッド・ギーター』第6章17節には、「適度に食べ、適度に体を動かし、適度に仕事をし、適度に眠り、適度に目覚めなさい」とあります。何事にも適度であることは肝要で、食べ過ぎ、飲み過ぎ、働き過ぎ、遊び過ぎ、寝過ぎの生活スタイルは良くないと、何千年も前から分かっていたのです。日常生活で、タマス的怠惰状態を減らしてラジャス的活発な状態を増やし、そしてサットワの調和的平

安状態に向かう心掛けと実践は重要です。特に、霊性の実践者にとって生活スタイルの改善は必須です。

　次表から表10は『バガヴァッド・ギーター』の教えから、サットワ、ラジャス、タマスのしるしをテーマごとにまとめたものです。これらを参考にすれば今の自分は何のグナが優勢かを知ることができるでしょう。

[表2] 食物

サットワ的な食物	生命力、体力、健康、幸福感、食欲を増進する食物。風味があり、良い脂肪に富み、滋養があり、心をなごませる食物。（17章8節）
ラジャス的な食物	苦い、すっぱい、塩辛い、熱い、辛い、乾燥した、刺激性の強い食物。人に苦しみ悲しみや病気を引き起こす食物。（同9節）
タマス的な食物	腐りかけた、まずい、悪臭のする、古い、食べ残した、不浄な食物。（同10節）

[表2の説明]

　「サットワな食物はサットワな心身を、ラジャスの食物はラジャスな心身を、タマスの食物はタマスな心身を養う」と聖典は教えます。ですが心まで食物によって養われるということについては疑問を持つかもしれません。根拠は、「物質は物質から養われる」という点です。心も非常に精妙な状態ではありますが、肉体とおなじ物質なのです。そして粗大な物質（例：肉体）は食物の粗大な部分により養われ、精妙な物質（例：心）は食物の精妙な部分により養われます。

ちなみに心よりも精妙な物質である知性［6］は、食物のさらに精妙な部分によって養われています。［7］肉体を健康に保つにも、心をきれいにするにも、知性を発達させるにも、サットワな食物は欠かせないのです。

［6］ヴェーダーンタ哲学によれば、外側から内側へと重なり合って魂を覆う５つのコーシャ（パンチャ・コーシャという。コーシャは鞘という意味）がある。いちばん外側から、①アンナマヤ・コーシャ（肉体）、②プラーナマヤ・コーシャ（５つのプラーナからなる活力の鞘）、③マノーマヤ・コーシャ（心の鞘）、④ヴィッギャーナマヤ・コーシャ（知性の鞘）、⑤アーナンダマヤ・コーシャ（至福の鞘）である。中心にある魂は、これら鞘の性格にまったく影響されない。

［7］物質だけでは動くことも生きることもできない。物質（すなわち一時的で有限なもの）を動かす主体がある。それが魂、純粋な意識、ブラフマンなどと言われる、永遠・無限・遍満・遍在の実在で、それだけが非物質である。

［表3］働き方

サットワ的な働き方	仕事への嫌悪も愛着もなく、失敗や成功など、結果に執着せずに働く。（18章23節）
ラジャス的な働き方	欲望を満たすために働く。自分をよく見せるために大いに苦労して働く。（同24節）
タマス的な働き方	自分の行為の将来への影響を考えず、いろいろな損失や他者への迷惑を考えず、自分の力量を考えず、気ままに、思いつくままに働く。（同25節）

[表4] 働く人

サットワ的な働く人	強固な意志を持ち、熱心に仕事する。執着心や利己心が無い。成功しても失敗しても動揺しない。（18章26節）
ラジャス的な働く人	情熱的（感情的）。仕事の結果（成功、失敗、見返り、報酬など）に執着する。どん欲。嫉妬心が強い。不純。成功に狂喜し、失敗に絶望する。（同27節）
タマス的な働く人	節度がない。俗悪野卑。高慢。不正直。悪意がある。怠惰。元気がない。優柔不断。（同28節）

［表4の説明］　サットワ的な人は、見返りを期待せず、しかも最善を尽くして働ける人です。結果に執着しないので、仕事の最中にも心は落ち着きおだやかで集中しており、安心しているのでストレスがありません。

　ラジャス的な人は、働くことを止められず、休みがあっても心から休息できず、仕事がなくても仕事を探して働く人です。心は欲望、野心、執着、不安、嫉妬、うぬぼれ、怒りでいっぱいです。

　タマス的な人は、義務を課されることを好まず、食べて寝ていたいだけの動物的な人です。

[表5] 知性

サットワ的知性	ある仕事をするかしないかの識別ができる。すべきこととすべきではないことの識別ができる。怖れるべきことと怖れてはならぬことの識別ができる。自分を束縛するものと自由に導くものの識別ができる。（18章30節）
ラジャス的知性	すべきこととしてはならないことの識別ができない。正しい信仰と正しくない信仰の識別ができない。（同31節）
タマス的知性	妄想と無知の暗闇に覆われている。正しくない信仰を正しいと、正しい信仰を正しくないなどと、すべてを反対に取り違えてしまう。（同32節）

[表6] 決意

サットワ的決意	心と呼吸と感覚の制御を、ヨーガの修行で確固不動とする。（18章33節）
ラジャス的決意	信仰、肉体的快楽、財産を追求し、それぞれの成果にこだわる。（同34節）
タマス的決意	目的に向かおうという決意はするものの、夢想、恐怖、悲哀、落胆、うぬぼれを、いつまでも捨てない。（同35節）

[表7] 喜び

サットワ的喜び	最初は苦く、最後は甘い。サットワ的喜びは、真我（魂、アートマン）とつながる清純な知性から生じる。（１８章３７節）
ラジャス的喜び	最初は甘く、最後は苦い。ラジャス的喜びは、感覚と感覚の対象の接触によって生じる。（同３８節）
タマス的喜び	最初から最後まで妄想。タマス的喜びは惰眠や怠惰や怠慢から生じる。（同３９節）

[表７の説明]　サットワ的喜びの代表が瞑想［８］です。初心者の段階では脚が痛くなり、集中できず、瞑想は難しいと感じますが、気にせず実践を続けていくとやがて甘露のような喜びに出会い、その喜びに安らぐようになります。そうなるには「アッビャーサ」と言われる継続的な長い修練が必要ですが、それによって「苦しみが消える」（１８章３６節）と『バガヴァッド・ギーター』は保証しています。

　「最初は甘く、最後は毒」というラジャス的喜びの代表は、飲酒、喫煙、ドラッグです。誘惑に負けそうなときにはサットワとラジャス、二者の対比を思い出し、適切な行動を選択してください。

　　［８］瞑想とは１つのことを集中して考えることであり、霊的実践においては、
　　永遠不滅の一者（それは神、ブラフマン、純粋意識、魂、真我、アートマン
　　と言うこともできる）を想像し集中することである。

[表8] 離欲^{りよく}

サットワ的離欲	名誉・名声・利得は欲しくない。仕事の結果に執着しない。自分のなすべき義務を果たす。いやな仕事を嫌うことも、面白そうな仕事に興味をひかれることもない。（18章9、10節）
ラジャス的離欲	肉体的な苦痛を恐れて仕事を放棄する。（同8節）
タマス的離欲	なすべき義務をしない。（同7節）

[表9] 知識

サットワ的知識	あらゆるものの中に不滅の一者が実在していると考える。この世で無数の形に分かれているものの中には「分けられざる一者」が存在していると見る。（18章20節）
ラジャス的知識	世界にあるさまざまなものは、それぞれ別々のものとして存在していると考える。（同21節）
タマス的知識	理由も根拠もなく、特定の1つだけが正しいと考える。一部分を見てそれが全てだと思い込む。（同22節）

[表10] 信仰

サットワ的信仰	調和的な信仰。さまざまな宗教は別々ではなく、神がさまざまな形であらわれたものだと考える。神は遍在であり、すべてのもの・すべての生き物の中におられると考える。
ラジャス的信仰	不調和的な信仰。さまざまな宗教はそれぞれが別々で、「私は○○教の△△宗派の信者である」と考える。
タマス的信仰	無知的信仰。さまざまな宗教はそれぞれが別々で、自分が信じる宗教や宗派だけが正しく、他の宗教や宗派は間違っていると考える。

[表9と10の説明]　宗教・宗派間の争いは、神を区別することから始まります。神すなわち真理は1つなのに、争う人たちの心には自分が信じる神と他人が信じる別の神がいて、自分の神が正しいと主張するのです。どのような争いも自分と他人は別々だと考えることから始まります。その考えが、自分の方が正しい、自分だけが正しいといったうぬぼれを生み、嫉妬、怒り、暴力などネガティブな行動を生むのです。ですが釈迦、イエス、シュリー・クリシュナ＊、シュリー・ラーマクリシュナ＊という偉大な霊性の師たちが語り体現したことは、「外見はそれぞれ異なっていても、みな同じ1つの魂である」ということです。またその見方からのみ純粋な愛は生まれます。人を、世界を、そこまで肯定的に愛することができたら、それは悟りです。悟った人はそのような見方ができ、無知の人はいつまでも自分と他人を区別して、争いの中にいるのです。

第3章　心のチェックリスト

心のチェックリスト

　次からの表は、『バガヴァッド・ギーター』の助言に私の観察や他の書物からのアイディアを加味したものです。ぜひ「心のチェックリスト」として活用し、サットワを増やす実践に生かしてください。サットワが優勢な状態をポジティブ、ラジャスやタマスが優勢な状態をネガティブと表現しています。

[表11] ポジィティブ性、ネガティブ性

ポジティブ性	ネガティブ性
・サットワ的	・ラジャス的、タマス的
・楽観的	・悲観的
・満足	・不満足、欲求不満
・喜び、幸せ	・悲しみ、苦しみ
・しずか、おだやか、安らぎ	・怒り、落ち着かない、怠惰
・安定	・不安定
・リラックス	・緊張
・調和	・不調和
・安心	・不安、心配、恐怖、動揺

[表12] ポジティブな心、ネガティブな心

ポジティブな心の特徴	ネガティブな心の特徴
・落ち着いている、しずか	・落ち着かない、せわしい
・集中できる	・集中できない
・忍耐できる	・忍耐できない
・理知的	・感情的
・客観的	・かたよっている
・心をコントロールできる	・心をコントロールできない
・適度を知る	・適度を知らない
・将来の結果について、よく考えて行動する	・目先の結果で満足し、最終的な結果を考慮しない
・特に現代の生活においては、スマートフォンなどのガジェットの使用をコントロールできる	・特に現代の生活において、スマートフォンなどのガジェットを、節度を守って使うことができない
・過去や未来を不必要に想像しないが、将来の建設的な計画は行う	・過去や未来を想像し、想像を事実のように捉える
・今の行為に集中している	・今の行為に集中できない
その結果、	その結果、
➡心は安定してしずか	➡心は散漫で落ち着かない
➡安心	➡不安、心配、恐怖
➡満足	➡不満足、失望、後悔
➡ストレスがない	➡ストレスでいっぱい
➡調和的	➡不調和的
➡非エゴ的	➡エゴ的
➡仕事や勉学がはかどり、うまくいく	➡仕事や勉学がはかどらず、間違いや失敗が多い

［表１１と１２の説明］　猛暑の日、ペットボトルに水が半分ありました。ポジティブな人は「半分もある」と考え、ネガティブな人は「半分しかない」と考えます。前者は「ある」ということに関心があり、後者は「ない」ということに関心があるのです。またポジティブな人は「やる」とか「できる」に関心が向かい、ネガティブな人は「しない」とか「できない」に関心が向かいます。前者は楽観的、後者は悲観的です。

　いつも不満について考えず、楽観的でいられたら、心は怒りたいことに出会ってもしずかで落ち着いていられるでしょう。心のしずけさは知性を冴えさせ理知的な行動をとらせます。一方で、悲観的な心はいちどネガティブな感情を持つと、それに執着していつまでも考え続けます。すると仕事や勉強に集中できず、適切な考えも浮かばず、結果を出すのが難しくなります。

　理想的な心の状態とはしずかであることです。そうなる為の最高の道具が瞑想なのです。感情が爆発して取り返しがつかなくなる前

肯定的、または否定的？

に、瞑想の実践を始めてください。それを習慣にしてください。瞑想とは1つのことを集中して考えることで、霊的実践においては「ポジティブの中の最もポジティブなもの」すなわちサット・チット・アーナンダ——それは神であり、ブラフマンであり、純粋意識、実在、魂、真我です——に集中することです。一方、ラジャスやタマスでいっぱいな人は、この世界の一時的な非実在や、過去や未来のあれこれを想像したり妄想することが好きになり、その結果、不安、心配、焦り、執着、嫉妬、怒り、憎しみなどさまざまなネガティブなストレスに苦しみます。

[表13] 心のチェックリスト〜表情や動作

ポジティブな心	ネガティブな心
・子供のようによく笑う	・あまり笑わない
・顔が明るい	・顔が曇っている、不安気
・スッキリした表情	・とぼしい表情
・落ち着いた呼吸	・浅い呼吸、ため息
・落ち着いた視線	・キョロキョロ動く瞳
・落ち着いた動作	・落ち着かない動作

[表13の説明]　瞳を見ると、心の中が分かります。スワーミー・トゥリーヤーナンダ（シュリー・ラーマクリシュナの直弟子の1人）がマハートマー・ガーンディーの集会で見たものは、周囲で働く人たちのキョロキョロと動いて落ち着かない瞳と、まっすぐ前を見て集中するガーンディーの瞳でした。ガーンディーはどんなに忙しくても毎朝の瞑想を欠かさなかったそうです。瞑想とは究極の集中であ

り、それを習慣にしているかどうかは瞳を見れば分かります。

[表１４] 心のチェックリスト〜行動

ポジティブな心	ネガティブな心
・深く考えて行動する ・途中でやめない、あきらめない、逃げないで立ち向かう ・自分の行動の責任は自分がとる ・意志が固い ・自分を信じている ・真剣 ・熱意がある ・その結果、目標を達成できる	・浅く考えて行動する ・途中でやめたい、あきらめたい、中途半端でかまわない ・行動の責任を周囲のせいにする ・意志が弱く、影響されやすい ・自分を信じきれない ・真剣ではない ・熱意がないか、続かない ・その結果、目標を達成できない

[表１４の説明]　飲酒は開放感や高揚感などの喜びをもたらしますが、それは一時的なことに過ぎず、最終的には肉体、知性、人間関係にまでも良くない影響を及ぼします。ネガティブな心の人は、それが分かっていても手に入れやすい目の前の結果を欲しがり、最終的な結果を熟慮しません。手軽なインスタント食品を欲するようにインスタントな結果を求めるのです。ポジティブな心の人は、目の前の結果には慎重で、最終的な結果を考えて行動します。自分をいかに成長させるかに関心があり、そのための実践を規則的・継続的に行います。

［表15］ 心のチェックリスト～自己成長のための実践

ポジティブな心	ネガティブな心
・人生全体を見渡している	・人生の先のことは考えない
・自己成長への関心と熱意がある	・自己成長に関心も熱意もない
・自己成長のための実践を行う	・楽にできる実践を行う
・規則的継続的に実践する	・自由気ままに実践する
・どうしたら目標達成できるかを考え、そのために計画や予定を立てて遂行する	・自分が興味ある計画の作成は好きだが、自己成長のための計画は作成したくない
・（瞑想の実践の場合）瞑想が好きで、規則的に行うことができる	・（瞑想の実践の場合）瞑想しないか、気ままな実践や形だけの実践
・その結果、人生をよく生きている	・その結果、人生の川に流される

［表15の説明］　人生の最後は満足した気持ちで迎えたい、と誰もが想像するでしょう。それには仕事や勉学や趣味に励むだけでなく、道徳性の向上や心と霊的成長のために自己修練を行う必要があります。

　瞑想と同じように重要な実践が識別（しきべつ）です。たとえば飲酒の際、「酒を飲んで喜ぶのは『舌』の感覚だ。私は魂である。魂は至福である。私はすでに至福なのだ、だから私は酒を飲んで喜ぶ必要はないのだ」と、舌という感覚器官について識別するのです。感覚器官に自由を許すこと（英語で 'freedom of senses'）を自由意志だと捉え

る人がいますが、それは感覚を好き勝手にさせているだけで、自分が感覚の奴隷になっているにすぎません。識別をして感覚から解放（'freedom from senses'）され自由になってください。

　シャンカラーチャーリヤ（8世紀のインドで活躍したヴェーダーンタの哲学者であり偉大な聖者）は、「感覚の食事が汚ければ（感覚器官から入ってくる波動がネガティブであったなら）心も汚れる。感覚の食事には十分気をつけなさい」と述べました。これは五感（視覚・聴覚・嗅覚・味覚・触覚）を通じて入ってくる波動を「感覚の食事」と称した、素晴らしい助言です。識別力を養い、ネガティブな波動に気づけるようになりましょう。気づかなければ身を守れませんから。

[表16] 心のチェックリスト〜知性

ポジティブな心	ネガティブな心
・理知的	・感情的
・客観的	・主観的
・論理的	・非論理的
・正しく識別できる	・識別しない、できない
・注意深い	・不注意
・知性を集中できる	・知性を集中するのが苦手
・あまり間違わない	・よく間違う
・間違いや失敗をしても学ぶ	・間違いや失敗を認めたくない
・間違いは直したい	・間違いを直さない
・同じ間違いをくり返したくない	・同じ間違いをくり返してしまう

[表１７] 心のチェックリスト〜人とのコミュニケーション

ポジティブな心	ネガティブな心
・人の意見を聞く	・人の意見を聞かない
・人から学びたい	・人から学ぶのは好きではない
・自分の欠点を変えて良くしたい	・自分の欠点は見たくない
・人の美点を見る、探す	・人の欠点を見る、探す
・人の美点を見て嬉しい	・他人の美点は見たくない
・人を尊重する	・人に批判的
・自分を尊重する	・自分を尊重できない、抑圧する
・人の評価に左右されない	・人の意見や評価が気になる
・自分の考えや意見が明確	・自分の考えや意見が不明確
・自分で判断し行動する	・人に影響されて判断する
・調和的な人間関係	・人間関係において繊細すぎ
・信頼される	・信頼されにくい

［表１８］心のチェックリスト～人間関係

ポジティブな心	ネガティブな心
・非利己的	・利己的
・他者中心	・自分中心
・自分に執着しない	・自己に執着する
・普遍的な愛	・自己愛でいっぱい
・謙虚	・うぬぼれ、自画自賛
・嫉妬も怒ることもない	・嫉妬、怒り
・人を好き嫌いで見ることがない	・人を好き嫌いで見る
・好き嫌いで人を判断することがなく、平静	・好き嫌いが激しく、「大好き」と「大嫌い」しかない
・誰に対しても平等	・好きな人とだけ交流したい
・人間関係において調和的（人の美点を見て欠点を気にしない、人も自分も尊重する等）	・人間関係において不調和的（人の美点は見ず欠点を見る、人を尊重できない等）
・人から褒められても気にしない	・人から褒められたい

［表１８の説明］　インタビューで自分の性格について聞かれたマハートマー・ガーンディーは、「私にはたくさんの欠点がある。それを私はよく知っている」と答えました。現代社会では自分の能力や美点をアピールする技術が重視されますが、欠点を棚に置いて美点ばかり強調していては欠点が直ることもありませんし、それが人間関係にも影響するでしょう。

［表１９］心のチェックリスト〜愛

ポジティブな心	ネガティブな心
・普遍的な愛	・自己中心な愛
・他者の利益優先	・自分の利益優先
・見返りはいらない	・見返りをください
・人をお世話したい	・私を世話してください
・自分と他人の区別なく愛す	・自分に関係あるものだけ愛す
・純粋な愛（愛のための愛）	・エゴが混じった不純な愛
・いつも満足	・いつも不満足
・平安	・不安
・心から幸せ	・失望と隣り合わせの幸せ

［表１９の説明］「あなたをお世話するから、私のことも世話して欲しい」と愛の見返りを求めているうちは純粋な愛ではありません。多くの人が愛と執着を混同していますが、執着によって束縛を生むものは本当の愛ではないのです。本当の愛とは「私」というエゴが無くなった純粋な心から生じるもので、それは自由を生みます。釈迦もイエスもシュリー・ラーマクリシュナもあらゆる人を愛しましたがその愛に執着はありませんでした。執着なく愛せることを証明したのが彼らであり、彼らは私たちの手本なのです。ではどうしたら執着なく愛せるかというと、見返りを期待せず、要求もせず、相手の中に神を見て人間関係を結ぶのです。すると愛の感情、自由、喜びが自分の内側から湧き出します。理想の愛とはそのように、すべてに魂、神、真理を見て愛することです。

　私たちを創造した者は、さいしょ私たちに愛を入れて創りました。

創造主である神は、私たちの基礎に愛を入れたのです。実際、愛がなければ、国や社会や家は立ち行かなくなります。そうであるなら愛を表現して生きようではありませんか。結果には原因があり、宇宙にも創造主という原因があるのに、すべてを人間がつくったかのように、もっと言えば自分がつくったかのように自己中心的に生きるのは間違っていませんか？

　神は１００％純粋な愛です。ですからすべてに神を見る人は、すべてに純粋な愛を見、純粋な愛を表現して生きます。私たちは、「あなたにたくさんあげる。私は少しでいい」という実践から始めましょう。それによって非利己性が養われるとともに人間関係にも調和がおとずれます。

[表２０] 神中心の仕事、自分中心の仕事

神中心	自分中心
・神のために働く	・自分と家族のために働く
・「神が自分を通して働いている」という意識で働く	・「自分が働いている」という意識で働く
・神の道具となり働く	・自分に執着して働く
・仕事の目的は神を喜ばせるため	・仕事の目的は自分の喜びのため
・神から与えられた能力とエネルギーで働く	・自分の能力とエネルギーを使って働く
・働きの結果は神にゆだねる（成功も失敗も神にお供えし、必要なら成功のために再挑戦する）	・働きの結果に執着する（成功を期待して欲望が増し、失敗を心配して不安が増す）
・その結果、安心、平安、喜びを得、ストレスはない	・その結果、欲望、不安、心配、ストレスが増す
・サットワが増す	・ラジャス、タマスが増す

[表２０の説明]　私たちは義務（仕事、家事、勉学など）に多大な時間とエネルギーを費やしています。義務は「結果を出さねばならない」「家族を養わねばならない」という義務感やストレスを生み、評価や報酬への期待感や心配を生み、それが得られないと失望や悲しみを生み、得られるとさらなる欲望を生みます。このような自分中心の働き方ではエゴ意識を強めて自分を大変にするだけです。それを根本から変えるには、義務を自分の人生の理想の目的と結びつけて行う必要があります。この人生の目的とは物質的な意味合いで

はなく、道徳的、霊的な意味を指しています。

・仕事を無執着の心で行う

　ヴィヴェーカーナンダは、無執着であって自由な人間として働くこと、すべての働きを神に捧げることが、真の仕事への取り組み方だと言っています。[9]

　もし無執着の心で仕事ができたら、目の前のことに集中するのみとなり、知性や力を存分に発揮して理知的かつ効率的に働けることでしょう。しかしやってみると分かりますが、評価や結果や義務感にとらわれずにただひたすら仕事に取り組むことは、仕事に対するモチベーションを保つという点で非常に困難です。私たちは仕事には評価と報酬が付きものだと教わって育ちましたし、実際そのように仕事をしてきています。

　　[9]『カルマ・ヨーガ』[新版] スワーミー・ヴィヴェーカーナンダ、１８３頁（日本ヴェーダーンタ協会）２０２２年

・人をお世話する心で行う

　ですが仕事をしなければ食べていけませんし、仕事がなければ自己成長の大事な機会を失うことにもなります。そこで１つだけ執着[１０]を持って働く方法が勧められています。それが、自分を無にして人をお世話する意識で人のために働く、ということです。「人のため」以外には執着せず働くのです。

　　[１０]執着という表現は一時的で有限なものについてのみ使われる。したがっ

て神に執着するとは言わない（それは神への渇仰などと表現される）。

・神中心で行う

　それよりもさらに自分や他人のためになる理想の働き方が、神中心に仕事をすることです。仕事に関するありとあらゆることを神にゆだね、神に関連させて働くのです。たとえば私たちラーマクリシュナ僧院では、食事、賛歌、瞑想、各人にあたえられた仕事を終えるたびに行いのすべてを神に捧げるという意味で、「シュリー・ラーマクリシュナ・アルパナマストゥ」（Sri Ramakrishna arpanamastu：シュリー・ラーマクリシュナに仕事の結果をお供えします、と言う意味）」と唱えます（＊釈迦の信者なら「ブッダ・アルパナマストゥ」と、シュリー・クリシュナの信者なら「クリシュナ・アルパナマストゥ」と唱えるとよいでしょう）。とても簡単な実践ですが、「私は神中心で仕事をしている」と意識するために、神を思い出すために、成功も失敗もすべての結果を神に捧げるために、心から祈り唱えると大変効果的です。

　自分中心をやめて神中心で仕事をすると、ストレス、苦しみ、悲しみを感じないだけでなく、喜び・調和・愛・安心・平安・至福そのものである神を思うことで、みずからにその性質を、毎日の仕事をとおして養うことができます。また神は永遠であり永遠とは「今」という瞬間の連続なので、結果的に「今」に集中でき、仕事の質が上がり、仕事量が多くても良質な仕事ができるようになります。また神は利他であり慈悲であるので、「他人を手伝いたい」「助けたい」という利他性が養われて「すべては神のもので私のものは何もない」という考えに変わり、自分の家族に対しても神の家族と考えるよう

になって、私という道具を使って神が家族の面倒をみておられると
思うようになります。そのとき人は人を本当に愛することができる
ようになっているのです。

第4章　理想の心

人生の目的

　人生について考えるとき、ポジティブな心は「一時的な幸せはもういらない。苦しみや悲しみももういらない。現状をどうにかして変えたい」と思います。人生をふりかえり、これからやってくる死や、この世に生まれた理由、今の自分は本当に幸せか、真の幸せとは何か、人生の目的とは何か、自分とは何か——そのような深い問いを抱き、答えを探します。真理や永遠について書かれた本を読み、聖典を学び、今の幸せは失望や心配と隣り合わせのものであることを実感します。そして永遠に変わらぬ絶対の幸せを、手に入れることができるなら手に入れたいと切望します。そのために聖典が勧める霊的実践を開始し、人生の舵を自分で握り、人生の真の目的である「悟り」にまで進もうとするのです。

　ネガティブな心は、「苦しみや悲しみはあるけれども仕方ないことだ。それを変えることはできないし、今のままでかまわない」と考えます。手に入りやすい一時的で快楽的な幸せを追求し、永遠で神聖な幸せがあることを知らないか、知っていても信じません。人生の川に流されて生き、肉体が滅びるときが自分の終わりだと思っています。

[表２１] 理想の心、普通の心

理想の心	普通の心
・「永遠無限絶対」について知りたい ・「永遠無限絶対」について知る、という人生の目的を持つ ・「永遠無限絶対の神聖なもの」を好み、気づきが向かう ・永遠や神聖さにつながる芸術、趣味、知識、喜びを好む ・霊性の知識を学びたい ・人の喜びのために人を喜ばせる ・愛のために愛する ・人の世話をする ・自他を区別しない ・自分にも他人にも、永遠無限絶対なる神聖な存在を見る	・「世界」のことを知りたい ・「世界」のことを知る以外の特別な人生の目的はない ・「一時的で快楽的なもの」を好み、気づきが向かう ・肉体の喜びや感覚の喜びにつながる行動や知識を好む ・霊性の知識に興味はない ・自分が喜ぶために人を喜ばせる ・自分のために愛する ・自分と家族の世話をする ・自他を区別する ・自分にも他人にも、永遠無限絶対なる神聖な存在を見ない

[表２１の説明] この表では、永遠・無限・絶対の神聖なるものを欲する心を「理想の心」と、一時的・快楽的なこの世界のことを欲する心を「普通の心」として説明しています。

　理想の心が知りたいのは、魂、内なる自己、純粋な意識、アートマン、ブラフマン、創造主、神です。普通の心が知りたいのは、世俗的、すなわち一時的で快楽的なものであり、それはこの世界のすべてです。

永遠・無限・絶対の神聖なるものに集中する理想の心は、すべてのものに魂が宿り、すべてのものに神が内在すると考えます。ですから自他を区別することがなく、他人を愛し、他人の家族を愛し、自分が所属する以外の国や社会や宗教を愛し、世界のあらゆるものを愛します。調和的で非利己的です。仕事は神という、神聖で永遠な存在を中心に行います。

一時的で快楽的なものに集中する普通の心は、魂への気づきがありません。自分と他人は別々という認識で、自分だけを愛し、自分の家族だけを愛し、自分の国だけを愛し、自分が信じる宗教だけが正しいと信じて他を疎外します。不調和で排他的です。仕事は自分が行っているというエゴ意識を中心になされます。

理想の心の人は、内なる魂への気づきがあり、神聖な喜びが自分の内側からあふれます。それはあまりにも大きな喜びで、他の喜びは喜びとは感ぜられないほどです。最終的に魂（サット・チット・アーナンダ）を悟るという人生の最高の目的を達成します。

普通の心の人は、世俗的なものに執着して喜びを得ます。喜びの源が一時的なものなので、それらから得る喜びもまた、一時的で有限です。したがって完全に満足することなく、いつも不安、心配、恐怖、失望、苦しみ、悲しみ、怒りの感情と隣り合わせです。魂を知らず、神聖で永遠な喜びを知らず、肉体が滅びるときが自分の終わりだと思い、失望が浮かびます。

第5章　ポジティブに生きるための実践とヒント

実践

「人生は学び舎。人生経験は私の師」という金言があります。日々の生活のなかで実践を続け、やがて実践内容が身につくと、その経験がみずからの人生をけん引してくれるのです。

　この章では今までの説明を踏まえて２０ほどの実践を紹介します。それらは悔いなくよく生きるにも、魂の声をきくにも必要なものです。ネガティブ性（ラジャス・タマス）を排除してポジティブ（サットワ）に変容することはどちらにも必須な準備だからです。

　インド哲学は「今生をサットワな心で生きれば来世はそのきれいな心で生まれ変わり、ラジャスやタマスに満ちた心で生きれば、来世にふたたび苦難を味わう」と教えます。今の行為は未来に影響します。その意味でも、たった今から、ポジティブに生きるためにこれらの実践を始めましょう。

＜ポジティブに生きるための実践＞

1. ポジティブな励ましの言葉やマントラを覚えて、くり返し
   唱える
2. 励ましの本や偉人の伝記・回想録を読む
3. 毎日の理想的なスケジュールを立ててそれに従う
4. 内省する
5. この世界の特徴を理解する
6. 今の行為に集中する
7. 死ぬまで希望を忘れない
8. 忍耐が大事
9. もう少しゆっくり
10. 一度に１つの仕事
11. ガジェットはよく考えて使う
12. 失敗は成功のもと
13. 働き続ける
14. 心の内をシェアする相手を持つ
15. 神にシェアする
16. 永遠の避難所を見つける
17. 瞑想
18. 祈り
19. 仕事を神中心で行う
20. 「私はできる」という自分への信仰を持つ

1　ポジティブな励ましの言葉やマントラを覚えて、くり返し唱える

「幸せ」という言葉を聞くと安らぎ、「バカ」という言葉を聞くとよい気がしないものです。言葉は力を持っています。この実践は、ポジティブな言葉をくり返し唱えることで、ポジティブな印象と波動を心の意識の部分と潜在意識の部分に刻み込むことが目的です。ストレスがあるとき、誘惑に負けそうなとき、くじけてあきらめそうなとき、ポジティブな言葉を唱えてみてください。いかに自分を守り、助け、導いてくれるかを実感するでしょう。試しに1ヵ月行えば、言葉が心の一部になったことを理解するでしょう。

・実践方法

　自分を鼓舞する好きな言葉を選びます。言葉の意味を十分に理解して暗記するために、ノートに記す、メモに書く、よく見る場所に貼るなどして、毎日くり返し唱えます。可能なときには声に出して、難しいときは心の中で行います。うろ覚えだったり、言葉の一部を変えて自作してはなりません。マントラや１００％真正な偉人の言葉には特別な力があるからです。マントラには非常に長いものもありますが、正確に唱える必要があるので「オーム・ナマ・シヴァーヤ」「オーム・ナマ・クリシュナーヤ」「南無阿弥陀仏」などの短いものが適切です。私は１０ほどの言葉を決めて行っていますが、たった1つの言葉でも心に変化をあたえます。

・理想的な言葉の紹介

『バガヴァッド・ギーター』より
・「心は私の友、心は私の敵」
・「サットワ的な喜びは最初は苦く、最後に甘い。ラジャス的な喜びは最初は甘く、最後に毒となる」

スワーミー・ヴィヴェーカーナンダの言葉より
・「強さは生、弱さは死」
　　（'Strength is life, weakness is death.'）
・「希望は生、絶望は死」
　　（'Hope is life, despair is death.'）
・「弱さの治療薬は強さについて考えることだ」（弱さという問題を解決するには弱さについて考えるのではなく、それと反対の強さについて考えよ）
・「すべての力はあなたの中にあります。それをあらわしてください」
　　（'All power is in you—-be conscious and bring it out.'）
・「無私（非利己性）は神」
　　（'Unselfishness is God.'）
・「逃げずに立ち向かえ」
　　（'Face the brute.'）
・「立ち上がれ！　目覚めよ！　ゴールに達するまで立ち止まるな」
　　（'Arise! Awake! And stop not till the goal is reached.'）
・「１０００回でも理想をかかげ、１０００回失敗しても１００１回目にチャレンジするのだ」
　　（'Hold the ideal a thousand times, and if you fail a thousand times, make the attempt once more.'）
・「信じること、信じること、自分を信じること。神を信じること。それが偉大になる秘訣だ」
　　（'Faith, faith, faith in ourselves, faith in God; this is the secret of greatness.'）

　自分を信じること（self-confidence）と神への信仰（faith in God）はすべての成功の秘訣です。それのどちらがより重要かと問われれば、自分を信じることです。どんなに神を信じても、自分を信じなければ力や才能を発揮できないからです。神は私たちを創造するとき、私たちに使ってもらおうとして「力」を授けました。神は授けた力を十分に使う人を好み、もっと使ってもらおうとしてさらに力を授けます。「助けてください」と神に乞うだけで努力しない人もいますが、努力しているかどうかは人の目には見えなくても神には見えています。

他の励ましの言葉
・「できると思えばできる」
　　（'You can if you think you can.'）
・「この瞬間をよく生きる」
　　（'Live this moment well.'）
・「ハエではなくミツバチになろう」
　　（'Be like bee, not like fly.'）
・「心配ごとの9割は実際には起きない」
・「成功とは成功するまで続けること」（※松下幸之助氏の言葉より）

2　励ましの本や、偉人の伝記・回想録を読む

　励ましの本を読むと、心が鼓舞されて前向きになります。この種類の本は多数出版されているので、①物語や実例を多用している、②わかりやすいヒントを交えている、③誰でもできる実践を紹介している、④実践の具体例が書いてある、という観点で選ぶとよいで

しょう。あるいはその本を読んで実践している人からの勧めもよいと思います。

デール・カーネギーの『道は開ける』（原題：“How to stop worrying and start living”）（創元社）や、ノーマン・ビンセント・ピールの『You can if you think you can』には普通の人びとがさまざまな問題をどのように克服したかのエピソードが書かれています。人びとに良い影響を及ぼした人物からは良いインスピレーションを得られますし、デール・カーネギーやノーマン・ビンセント・ピールはアメリカ人なので、他国の人はどう問題を解決するかを知ることもできます。

『立ち上がれ　目覚めよ』や、『カルマ・ヨーガ』『バクティ・ヨーガ』『ギャーナ・ヨーガ』『ラージャ・ヨーガ』（日本ヴェーダーンタ協会出版）などで知られるヴィヴェーカーナンダの本は、みずからの霊的経験に立脚した励ましの言葉に満ちていて、私たちを勇気づけ、魂への気づきに向かわせるインスピレーションの宝庫です。子供が風邪をひくと母親は滋養になるものを飲ませますが、ヴィヴェーカーナンダの言葉はまさに滋養スープであり、サプリメントであり、さらに言えば強力な気付け薬です。

ほかに、相田みつを『人間だもの』（文化出版局）、空海『黄金の言葉』（永岡書店）、中村天風の本（天風会）、松下幸之助の本（PHP研究所）もお勧めします。またマハートマー・ガーンディー、アブラハム・リンカーン、ブッダ、イエス、シュリー・クリシュナ、シュリー・ラーマクリシュナなど、偉大な人の生涯の記録（伝記や回想録）を読むと、たくさんの励まし、気づき、高いインスピレーションをもらうことができますし、神聖な交わり（第1部「聖典の学び方」を参照）を

持てないときの代わりにもなるでしょう。読むときには大事だと思ったり、インスピレーションを受けた箇所にアンダーラインを引くかメモをとるなどして読んだ内容が身につくよう工夫しましょう。

3　毎日の理想的なスケジュールを立ててそれに従う

「生活を整える」ことはすべての基礎です。この実践は第3部で取りあげていきます。

4　内省

第1部の第1章「特別な気づき」の中で、内省について述べています。参照してください。

5　この世界の特徴を理解する

今生きているこの世界から逃げ出すことはできません。そうならば、世界の特徴を知っておくことが賢明です。ひとつは、「世界があるかぎり問題は起こり続ける」ということです。前に3つのグナとは霊的無知であり、世界はそれらグナから成っていると説明しました。つまり世界は霊的無知なので、世界があるかぎり、無知も、無知から生じる問題もなくならないのです。この法則を変えるすべを持たない私たちにできることは、霊的無知を超え、霊的知識を獲得する努力をするということです。霊的知識とは魂についての理解であり真理です。

もうひとつの特徴は、世界は二元性であるということです。コインに表と裏があるように、世界は善と悪、幸と不幸、寒さと暑さ、好きと嫌い、光と闇という、相反するもので成り立っています。世

界は二極がなければ成り立たないのであり、世界にいるかぎり、善だけ欲しくても、幸せだけ欲しくても、好きな人や好きなものだけ欲しくても、それは無理だということなのです。

　そのような一見否定的に思われることについて、肯定的な見方から言えることは、「問題が起きなければ人は成長しない」ということです。実際、スムーズな状態だけであったら私たちは努力をしなくなるのではありませんか？　私たちは問題が起きて初めて、みずからの力を外にあらわす努力をするのです。それが、神が世界に二元性を与えたひとつの理由です。神は愛する私たちの力や知性や自信のレベルを上げようとして、世界に光と闇を創造しました――このことを真剣に考えたら、問題から逃げることは、神からもらった成長のチャンスを無駄にする行為なのだと気づくでしょう。また経験することは偶然ではなく必要だから起こると理解できたら、どのような問題にも立ち向かう勇気と、「どうぞ私に問題をお与えください、そして成長させてください」と神に頼むほどの信仰が育つでしょう。インドの聖典に、「クンティー妃＊の祈り」という有名な一節があります。

　　クンティーは神の化身シュリー・クリシュナに「どうぞ私の人
　　生に問題を送り続けてください」と祈りました。クリシュナは
　　「なぜそのような奇妙な祈りをするのだ？　本気で言っているの
　　か？」とたずねました。クンティーは答えました、「私は非常
　　に真剣です。つねに幸せなら、私はあなたのことを考えません。
　　ですが悲しみや困難が生じれば、その瞬間私は『クリシュナ様、
　　助けてください』とあなたを呼ぶでしょう。そうしたらクリシュ

ナ様、私の元へ来てください。それが私の人生の至福のときだからです」

6　今の行為に集中する

自分がコントロールできる時間は「今」しかありません。それなのに、私たちは今の行為に２５％から５０％程度の意識であたり、残りの意識では過去や未来を考えて、心配し後悔してストレスをためています。それをやめて今の行為に１００％集中してください。すると心は今のこと以外を考える余裕がなくなり、結果的にネガティブな思考や感情を抱かなくなります。その心の安らぎが安定して継続すると、幸せになります。仏教のヴィパッサナー瞑想も「今」に集中する訓練の１つですが、誰でも実践可能な効果的な訓練が「スケジュールを立ててそれに従う」方法です。第３部で紹介するので日常生活に取り入れてみてください。

7　死ぬまで希望を忘れない

希望は力の源です。問題が起きたときにまず必要なのが、希望を持つことです。希望があれば、生きる力が湧きます。どんな小さな希望でもよいのです。希望を絶対に忘れないでください。

8　忍耐が大事

忍耐することで、続けること、あきらめないこと、待つこと、熟考すること、衝動を抑えて心をコントロールすること、目先ではなく将来を見据えて考えることができます。それらができれば不安や問題や徐々に遠ざかっていきます。忍耐は養うべき重要な資質です。

9　もう少しゆっくり

朝起きてすぐ出かける準備をし、電車に駆け込んで職場や学校へ行き、家庭の外でも中でもつねに忙しい——という毎日では肉体だけでなく、心も走っている状態で、心身に負荷をかけます。急いでいると気づいたら、「もう少しゆっくり」と心に言ってゆとりを持つよう心掛けましょう。「せっかち」や「あわてんぼう」は心のコントロールができていない証拠です。瞑想や内省を習慣にして、時間を無駄に使っていないか、時間をうまく使えているかの内省も行いましょう。すると心に余裕が生まれ、忘れものやあわててケガをすることも減るでしょう。

10　一度に1つの仕事

「短時間でたくさん仕事をこなしたい」というラジャス的な思いが強過ぎるのが現代人の特徴です。けれども同時進行で複数の作業を行うことは、ストレス、不安、イライラを増やすばかりでなく、ケガや物を壊したりすることにもつながります。「一度に2つ以上の仕事はしない！」と決心し、食事をしながらスマートフォンやパソコンを操作したり、仕事の話をするのはやめましょう。食事のときには100％マインドフルネスの状態で食事に集中します。それが食事の味わいを増し、消化吸収も良くします。

11　ガジェットはよく考えて使う

現代社会の大きな変化の1つであるガジェット（スマートフォンやタブレット端末、アプリケーションソフト等を指す）ですが、それの度を越した使用は、運動不足、視力低下、脳や神経に良くない

だけでなく、心にも悪い影響があります。SNSにアップしようとつねに撮影チャンスを狙っていたり、スマートフォンを見たいと思ったら見ずにいられなかったり、歩行中や自転車に乗っていてもスマートフォンを見てしまう、などの心の状態では、不安やいら立ちやフラストレーションをためる結果となり、安眠できない、仕事や勉強に集中できない、あるいは運転中に事故を起こすことも起こり得ます。これではまるでガジェットの奴隷です。自分の行いは自分にかえってくると考え、目先でなく先を考慮して使うかどうかの識別をしてください。もちろん、ガジェットには多くの利点があり、それをやめる必要はありません。ただ無制限の使用は自分を害することになるので、「何の目的で」「どのように」「どれぐらい使うか」という3つのルールを決めて使ってください。子供にガジェットを与えるときにも事前にルールを決め、十分に教えてから渡すのが大人の責任です。厳しい研修で有名なNASA（アメリカ航空宇宙局）ですが、研修中には参加者の時間とエネルギーを最大限に活用するため、「ガジェットの使用は1日10分まで」と制限しているそうです。

12　失敗は成功のもと

ヴィヴェーカーナンダは、「私は嬉しい、良いことをたくさんしたから。私は嬉しい、間違いもたくさんしたから」と言いました。誰にでも間違いはあるのです。「私は間違いをした。間違いを認めた。間違いから学んだ。間違いを未来に生かした」、これがポジティブな生き方です。神に罰せられるとか、私は罪びととは考えず、むしろ「私は神の子供である。神は自分の子を絶対許してくださる」と考えて、率直に「神様すみませんでした。私は悪いところは直したい。

良くなれるように助けてください」と祈ってください。神は裁判官ではありません。人が人を許すことがなくても、慈悲そのものであり、私たちの弱さをよくご存じの神は必ずお許しになります。神が最も愛する人は、「私には未熟な部分がある。それでも理想に近づきたい」と努力し行動する人です。浮き沈みがあっても気にせず、あきらめず、実践を続けましょう。それを神は見ておられます。

１３　働き続ける

　１８世紀の有名な政治思想家、エドマンド・バーク（Edmund Burke）は、「絶望するな。たとえ絶望したとしても、絶望のうちに働き続けよ」（'Never despair. But if you do, work on in despair.'）と述べました。絶望のときにも引きこもらず、働きを続けてください。働き続ければ、絶望の状態が少しずつ、必ず、やわらいでいきます。逆に外で働くのをやめて部屋に引きこもると、さらに問題をひどくし鬱を強めるだけです。「働き続ければ鬱が減じる可能性がある」――このことを信じて、苦しみのときも、悲しみのときも、失望のときも、引きこもらず外に出て、肉体を使って働き、頭脳を使って働き、心を使って働き続けてください。

１４　心の内をシェアする相手を持つ

　不安、心配、恐れを放っておくと、別の不安、心配、恐れを呼び寄せてネガティブな傾向がさらに強まり、鬱や引きこもりの原因となります。そうならないために、心の内をシェアする相手をひとり以上持ってください。人間のいとなみにおいて、人とのコミュニケーションはとても重要です。それなのに相談相手がいなくて相談でき

ないというのは大変辛い状況ではありませんか？　相談相手がいな
い理由は、オンライン・チャット（オンライン上の会話）やコンピュー
ター・ゲームの普及などにより、人と対面してコミュニケーション
をとる機会が減ったことに一因があります。子供たちはコンピュー
ターを友達のように思うかもしれませんが（このことは子供時代か
ら鬱や引きこもりが始まる危険性を示唆しています）、気持ちをシェ
アする相手は心を持った人間でなければ不可能です。またひとりっ
子やかぎっ子もその一因と言われていますが、１０歳頃までは母親
がつねにサポートしている環境があると子供は安心です。その後
１１歳１２歳以降には父親と学校の先生のサポートがより重要にな
ります。子供を育てるという観点では父親が家事や育児に参加する
姿勢が大事です。

15　神にシェアする

　そうは言っても、最も身近な家族であり永遠の親友は、父親でも
母親でも伴侶でも友人でもなく、神です。その神と親しい関係をつ
くるために、すべての考え、すべての問題、すべての感情、すべて
の過ち、すべて、何でも、神に打ち明けてください。「自分は神を信
じていない。だから神に打ち明けることもない」と言わないで、神
と親しい関係をつくろうとする気持ちをもう少し持ってください。
そのように神を信じ心から祈れば、その行為自体が不安を軽減する
だけでなく、神は絶対その人を助けます。ただし、いつ、どのよう
に助けるかは神のみぞ知ることで、それは神に一任することです。
私の経験から言えるのは「真剣に祈れば、必要なら神は絶対に助け
てくださる」ということです。私は今まで真剣に祈って必要なもの

が来なかったことは一度もありませんでした。

　ある僧がスワーミー・マダヴァーナンダ（ラーマクリシュナ僧院の第9代僧院長）に相談しました。「私は自分でも思いもよらない行動をとることがあります。あなたが知ったら許してはおかないようなことです。私は誰にも相談できず、ずっと悲しく罪の意識を感じているのですが、どうしたらよいでしょうか？」　マダヴァーナンダジーは、「ホーリー・マザーのお寺へ行ってマザーにすべてを打ち明けなさい。そして『二度と同じことをくり返しませんから私を許してください』と謝るのです」と答えました。「マザーに打ち明けたら私を許してくださいますか？」と僧が聞き返すと、彼は語気を強めて「あなたはホーリー・マザーの子供です。彼女が自分の子供を許さないとしたら、彼女は『お母さん』ではなく『叔母さん』に違いない！」と言いました。「母なる神にすべて率直に打ち明け、非があれば謝る」というのは、とてもシンプルでポジティブな考えですし、子供から大人まで実践できます。そんな親しい交流が私たちと神との間にあったら、人生をもっと気楽に、もっと朗らかに、もっと満足して生きていけるでしょう。

16　永遠の避難所を見つける

　カンガルーの子は危険を感じるとお母さんのお腹の袋にもぐり込みます。同じように、私たちにも安全なシェルター（避難所）が必要です。しかし家族や友人は今生だけのものですし、問題が起こるたびに受け入れてもらうこともできないでしょう。つねに私たちを受け入れてくれるのは、無限な忍耐と力をお持ちの神だけです。「神は永遠の避難所。どのような問題も神の恩寵で絶対に解決できる」

と信じ、自分の部屋（あるいは心の中）に祭壇をつくって神に祈り、神を瞑想してください。実のところ、あなたを助けてくれている人たちは（それが家族であれ友人であれ師であれビジネス・パートナーであれ）人のかたちをした神なのです。これはホーリー・マザーがインドの聖地ベナレスで、ある高名な僧と面会したときの話です。出家者で金銭を稼がないその僧は、食事の一切の面倒を信者にみてもらっていました。ホーリー・マザーが「あなたは誰から食事をもらっているのですか？」とたずねると、「母なる神、マザー・ドゥルガーが信者をとおして私に食べさせています」と答えました。彼は信者の中に、人のかたちをした「神」を見ていました。そのように、神は人を通じて私たちをサポートしています。

１７　瞑想

　瞑想とは１つのことを集中して思うことですが、何について思うのかというと、永遠・無限・絶対な神聖なるもの（神、ブラフマン＊、純粋意識、アートマン＊、真我、魂と言うこともできる）です。瞑想とは、最もポジティブなものを思い続けることであり、すなわち瞑想は「システム化された最高のポジティブ思考」なのです。心で思うことはその人に影響します。人は思うものになるのです。だからこそ、日々、最高の理想を瞑想してください。

　瞑想は、環境が静かな早朝と夕方（あるいは寝る前）に、初心者なら最低１５分、慣れたら３０分以上（感覚と心を日常から切り離すにはそれなりの時間がかかります）行います。同時に、神への祈りと神の御名やマントラをくり返し唱えるジャパも行ってください。

　潜在力を外にあらわして使うには着火作業が必要で、それが霊的

実践と言われるものです。瞑想で得られる恩恵ははかり知れません。心身の調和と安定、集中力が高まる、心がしずかになる、平穏になる、きよらかになる、前向きでポジティブになる、寛容さと忍耐が培われる、愛と慈悲が育つ、そして最終的には瞑想の対象と同化して「魂の声を聞く」（第1部第1章を参照）という、普通の想像をはるかに超えた喜びを体験するのです。

神さまとつながっている

18　祈り

　神は永遠の避難所です。生きている間、死ぬとき、死んだ後でさえも私たちを守り、助け、導いてくれます。「私はつねに神に導かれ

守られている」と深く信じ、困ったときだけでなく、つねに神に祈ってください。自分と自分の家族のために祈り、それだけでなく、すべてのものすべての人の幸せのために祈ってください。

　インドのヒンドゥ教の「普遍の祈り」（"Universal Prayers"）では、人生の真の目的（悟りの成就）を祈ると同時に、「すべてが幸せでありますように。すべてが平和でありますように。すべての人が苦しみから逃れられますように」と世界全体の平和と幸せを祈ります。人の幸せを祈ると、祈りの内容が祈っている人の性質に浸透してその人の幸せにつながります。人の幸せを祈ることは、人を益しているように見えて、その人自身を益すのです。ですから人の幸せを祈り、人を手伝い、お世話することを習慣化してください。心の底から人を思いやる心に、「私がいちばん」とか「私が中心」というエゴはありません。その心の波動は遠いところまで届きます。愛と平和の祈りの波動は全世界に届きます。

19　仕事を神中心で行う

　これはカルマ・ヨーガと呼ばれる霊的実践です。表２０の箇所をもう一度読んでください。

20「私はできる」という自分への信仰を持つ

　「私はできる」という自分への信仰、これが「ポジティブに生きる」という真髄です。

さらなるヒント

　①ストレスに立ち向かうために

　問題が起きない人生はなく、ストレスがない人生もありません。だったらそれをポジティブに捉えて、自己成長の意欲に変えていけたら人生は一変するでしょう。実はストレスとは単なる刺激であり、それ自体は良いものでも悪いものでもありません。ストレスとの向き合い方がそれをポジティブに感じさせたりネガティブに感じさせたりするのです。サルは小さな傷を掻き続けて知らぬ間に傷を大きくし、その原因で亡くなることもあるそうです。同じように、小さな心配が大きなストレスとなって取り返しのつかないことになったら大変です。一般的な対処法は、専門医の受診やストレスの源（たとえば職場や学校）から離れることなどですが、別の環境には別のストレスがあるかもしれませんし、薬がかえって状況を膠着させたりもします。思考態度をポジティブに変えることこそ根本的な解決策なのです。

　②ネガティブなストレスにはポジティブな思考と行動で対抗する

　「否定性」には真逆の「肯定性」で対抗してください。ネガティブなストレスにはポジティブな考えで対抗し、「心配ごとの９割は現実には起きない！」と肝に銘じてください。どんなに憂えても想像したことの９割は現実にならないということは、まさにその通りではありませんか？　ですから病気かなと思ったらすぐに病院へ行って診断を受けてください。万一病気であれば治療計画がスタートし、健康なら安心します。仕事の期限を案じて不安なら、憂鬱な思いを脇に置いて「私はできる、期限までにできる」と決めて取り掛かってください。最初から「できない、できない」と言うばかりでは治る病気も治りませんし、できる仕事も進みません。やってみたら案

外簡単だったとか楽だったという経験もあるでしょう？　考えているだけでなくアクションを起こすのです。すると憂いは徐々に消え、心も物事もポジティブな方向へ転換します。

③問題に対処する時のヒント

1つ目のヒントは「解決を後回しにしないこと」です。問題を後回しにしているあいだ、気にしていないつもりでも心はずっと心配しています。まるで心配を育てているようで、心の健康に全くよくありません。

2つ目のヒントは「気持ちを切り替えること」です。特に子を持つ親は心配が絶えず、帰りが遅いと考えては不安になるものです。まず心配のほとんどは想像上のものであることに気づいてください。そして気持ちを切り替えるためにも、学校や子供のクラスメイトに連絡をとって確認するなどの行動を起こしてください。

3つ目のヒントは「神を心から信頼して深く祈り、すべてを神にゆだねること」です。祈りは不安や心配を落ち着ける素晴らしい手段です。実際、祈ることをしなければ心配と不安は増すばかりでしょう。また心配ばかりでは他の重要なことをおろそかにします。

あるインド人の母親が「私は若いころ、あまり神を信じていませんでした。でも結婚して子供が生まれてからとても信じるようになりました。子供の安全のため、つねに神に祈るからです」と言っていました。親が子に24時間付き添うことはできませんし、手にあまる問題も起こるでしょう。そのとき神に深く祈りゆだねることが、心の重要なサポートになります。

第6章 「信じること、信じること、自分を信じること」

最終の目的　〜超越〜

　3つのグナとはどのようなものか、どのようにサットワを養い、どのように心をポジティブに変容するか、お話してきました。ですが人生の最終的な目的はその先にあります。サットワを超越して魂を悟ることです。

　魂とは絶対の存在・絶対の知識・絶対の至福・絶対の自由です。魂は何にも束縛されず、もちろん3つのグナにも縛られず、ポジティブやネガティブという二極を超越しています。一方でグナは魂を覆う無知であり、サットワさえも、善や徳に執着して魂を束縛するのです。それが「サットワ・グナは金の鎖、ラジャス・グナは銀の鎖、タマス・グナは鉄の鎖」と言われる理由です。しかしながら最終的な目的まで連れて行ってくれるのもグナなのです。私たちは、タマスからラジャス、ラジャスからサットワへ変容し、やがてサットワをも超越して「絶対の自由」という魂のレベルまで行くのです。それが人生の最高で最終の目的です。人生の目的は天国に行くことではなく、Eternal Freedom と言われる絶対的な自由と至福の獲得であり、そのゴールまで、私たちは一歩一歩進んでいるのです。

「信じること、信じること、自分を信じること」

　誰の人生にも問題は起こります。それを乗り越え、先へ、先へ、進み続けてください。まどろみから目を覚ましてください。またそうしないのなら、ただクラゲのようにフワフワ生きて終わるだけの

人生となってしまうではありませんか？　とてもシンプルな真実は、自分を信じれば、あなたはできる！　ということです。それほどの力があなたの内部にはあるのです。すべきことは内なる力に着火するだけ、自分を信じて実践するだけです。

「人生の秘訣は何をおいても『自分を信じること』である。とてつもない力が自分の中にあることを信じよ。それに気づき、外にあらわせ。そして『私はできる』と言うのだ」

'Have faith in yourself first, that's the way. Have faith in yourself — all power is in you — be conscious and bring it out. Say, I can do everything.'（スワーミー・ヴィヴェーカーナンダ）

「信じること、信じること、自分を信じること。神を信じること。それが偉大さの秘訣だ」

'Faith, faith, faith in ourselves, faith in God; this is the secret of greatness.'（同）

「立ち上がれ、目覚めよ！　ゴールに達するまであきらめるな！」
'Arise, awake! And stop not till the goal is reached!'（同）

「自分を信じること」が、心の力の最高のあらわれです。

第3部　毎日の理想的なスケジュールの重要性

第1章　毎日の理想的なスケジュールの重要性

実践の意義

　この実践の、最初の話題は「自己成長」についてです。知的成長、道徳性の向上、心や霊性の成長など、自己成長を望む人は大勢います。けれども願望を持つだけで立ちどまり、夢はいつまでも夢のまま、ということもあるのではないでしょうか。理由のひとつは、目標達成のためには避けて通れない実践を行う覚悟ができていないから、もうひとつは一夜にして偉大になることを期待しているからです。あらゆる偉業の背後には怠ることのない奮闘があります。高みを目指したいのなら、「すべきことをする」という代価を払う必要があるのです。

　同時に、時間は有限であることへの気づきも重要です。過ぎた時間は永遠に戻って来ず、寿命というタイムリミットもあるのに、私たちはお金の使い方ほどには時間の使い方に注意を払っていません。

　では「自己成長」「時間の有効利用」「心のコントロール」という、人生に大きな影響をあたえる３つのポイントすべてを叶える手段はあるのでしょうか？　答えは、理想的なスケジュールを作り、毎日それに従う実践です。これは人生をよく生きようとするすべての人にとって有益なものであり、もちろん僧侶にも同様です――スワーミー・ヴィヴェーカーナンダはラーマクリシュナ僧院の創設時、「僧は段階的・総合的自己成長のために、朝から晩までのスケジュールに従い規律ある生活を守らなければならない」と説き、毎日のスケジュールを設定しました。のちに僧院に加わり実践を体験したスワー

ミー・プレメーシャーナンダは、「ここの僧侶たちは光明を得るために わざわざヒマラヤに行き霊的修行する必要はない。毎日のスケジュールに深い理解と信仰を持って誠実に従えば、光明を得られるからだ」と語りました。

毎日のスケジュール

理想的なスケジュールの一例

　ラーマクリシュナ僧院のどこの支部も、多少の差はあるものの似たような所定のスケジュールに従っています。私たち逗子の協会では——早朝に瞑想し、朝拝ではヴェーダの祈りを唱えて『バガヴァッド・ギーター』を朗読し、朝食後は聖典を読み内容を話し合い、散歩や各自の仕事のあと、昼食前には祭壇に供物を捧げて短い瞑想をします。昼食後の休憩のあとは、各自の仕事をし、夕拝で賛歌をうたい、『ラーマクリシュナの福音』を朗読し、瞑想して夕食後に再びシュリー・ラーマクリシュナとヴィヴェーカーナンダに関する文献

の朗読をする——というスケジュールに従っています。「毎日少し
ずつ」を積み重ねることで、私たちはさまざまな霊性の本を読了し
学んできましたし、神とつながって仕事をしようと努力することで、
霊性の修行を実践しています。合間には休憩やリラックスの時間も
見つけています。

理想的なスケジュールを作る

実際にスケジュールを作ってみましょう。まず活動を順番に並べ、
それぞれに必要な時間を決めて、時間割を立てます。このときの注
意点は最初から目標を高くし過ぎないことです。たとえば「朝4時
に起きて長く瞑想しよう」ということではなく、現実に合ったスケ
ジュールから始め、徐々に理想へ近づけます。

スケジュールには、仕事や家事や勉学の時間（※④を参照）、食事、
睡眠、入浴、リラックスする時間、趣味の時間などのほか、肉体、知性、
心、霊的成長のための時間（※①～③を参照）を必ず入れてください。
仕事がある平日用と、時間の余裕がある休日用の2種類を用意する
とよいでしょう。

作成したスケジュールには毎日従ってください。従うことができ
なかったら、なぜそうなるのかを点検し、改善策を見つけます。

①心と霊的成長のために

祈りの時間を作ってください。自分と家族のために、人類全体の
心の平安と幸せのために祈る時間です。次に、瞑想と、神の御名を
くり返し唱えるジャパの時間も作ってください。そして折に触れて
内省と自己分析を行うようにしてください。どのように行うかは第

1章で述べていますが、理想の人生と実際の人生を比べて考えたり、人生の真の目的とは何か、そのために自分がこれまで何をやってきたかなどを熟考します。以上のような霊的実践により、私たちはみずからを魂と結びつけて考えることができるようになって、やがて完全な人格（サット・チット・アーナンダ）に統合するのです。

②知的成長のために

聖典を学ぶ時間を作ってください。聖典には日常生活をさらに実りあるものにする助言がありますし、『バガヴァッド・ギーター』や『ラーマクリシュナの福音』などを学べば真理とは何か、真理を悟るために必要なことは何か、真理を悟るための障害や真理を悟った結果などを理解することができます。また自分を励まし豊かにする本も読んでください。

③肉体の健康のために

散歩、水泳、ヨーガ、スポーツジムに通うなど、肉体運動の時間も作ってください。ヴィヴェーカーナンダが滞在先のアメリカから母国インドの僧院に送った手紙には「毎日あるエクササイズをするように」と書いてありました。彼自身、亡くなる直前までし続けたそうですが、兄弟弟子のスワーミー・ブラフマーナンダも、小さなダンベルを使ってエクササイズしなさいというヴィヴェーカーナンダの指示に従いどこへ行くにもダンベルを持ち運びました！

④義務に関して

義務について考えてみましょう。私たちには日々たくさんの義務

——仕事、家事、勉学など——があり、それに多大な時間とエネルギーを費やしています。義務をし続けねばならないなら、それを人生の理想の目的と結びつけ、義務を行うことで人生が豊かになるよう意識を変えていかなければなりません。

効率を考えると仕事別に細かい時間割を立てるとよいでしょう。このときの大事なポイントが、重要な仕事とそうではない仕事の識別です。これにより、重要な仕事以外で自分を忙しくしないようにするのです。具体的には、毎日の買い物を週３回に減らす、ネット検索は朝夕各１０分と決める、メールやSNSを随時チェックするのではなく時間帯を決めて行うなど、いろいろ工夫ができるでしょう。そうすれば仕事や勉強に集中する環境が整いますし、瞑想や内省という人生の大きな課題をやり続けることを楽にします。実り多い人生のための時間とエネルギーはそのようにして捻出（ねんしゅつ）するのです。またそうしなければ仕事中毒になる恐れがあります。

「働き」についてヴィヴェーカーナンダが語った講話をまとめた『カルマ・ヨーガ』には、彼のひときわ目を引く観察が述べられています——「義務が私たちの病気になるのです。それは私たちを絶えず引きずり、つかまえて、私たちの全生涯を惨（みじ）めなものにします。それは人間の生活の中の毒物です。この義務！　義務という観念は、人類の魂の奥を焼きこがす、真夏の昼の太陽です。あの哀れな義務の奴隷たちを見てください。義務は彼らに祈りをとなえる時間も沐浴をする時間も残しておきません。義務は、常に彼らの上にのしかかり、彼らは出かけ、そして働きます。義務が彼らの上にあります！家に帰っても、次の日の仕事のことを考えます。義務が彼らにのしかかっているからです！　彼らは奴隷の生活を生きています。そし

て、ついには路上に倒れ、馬のように手綱をかけられたまま死ぬのです」［1］

［1］『カルマ・ヨーガ』［新版］スワーミー・ヴィヴェーカーナンダ、１８３頁（日本ヴェーダーンタ協会）２０２２年

⑤付記

　瞑想、聖典の勉強、ヨーガ・エクササイズなど、実践に最良の時間帯は早朝です。理由は、熟睡後は心身がリフレッシュしていて良い実践ができるから、早朝の自然界は静かでおだやかなのでより集中できるから、朝に実践をするとその恩恵がその日一日（仕事のときにも）続くからです。また早朝は忙しい可能性が低いので実践する時間を削る可能性もあきらめる可能性も低いと言えます。朝食や弁当づくりで忙しい人は、自由な時間が取れる時間帯に行ってください。実践は一日も休まないでください。「一日ぐらい休んでもかまわない」と心が誘惑してきても、絶対に休まないでください。一日休むと翌日また休むかもしれないからです。しかるべき理由がある場合には、特定の実践の時間を減らしたり、スケジュールを調整したりします。

実践のポイント

①スケジュールの順番を守る

　朝起きて、瞑想して聖典を読み、軽い運動をしてから朝食をとる──というような望ましい順番を守ってください。

②スケジュールの時間を守る

　各活動に割り当てられた時間を守ってください。特に就寝時間は守ってください。気を引かれるとそれに没頭し、また別のものに没頭し……と夜<ruby>更<rt>よ</rt></ruby>かしが始まると翌日の起床時間に影響し、それが一日のスケジュールに影響します。「今日のスケジュールは昨日の夜から始まっている！」と肝に銘じてください。［2］

　偉大な僧侶であり学者でもあったスワーミー・ガンビラーナンダは、毎日午後4時に付き人と散歩する習慣がありました。ある日、付き人が2分ほど遅れたのでそれを指摘すると、付き人は「たった2分位なら、まぁ、いいじゃないですか」ということでした。時間の大切さを強調するために、ガンビラーナンダジーは航空機が2分で何マイル移動するかと尋ねたそうです。僧院の重責を担い多忙を極めていたガンビラーナンダジーは、決めたスケジュールを守り抜くことで多くの学術書を書く時間を捻出しました。

　仕事上の約束時間は守れても自分のスケジュール管理にはずさんな人がいますが、自分が自分に決めた約束事を守れているかの内省は必要です。心をコントロールできるようにならなければ真の変化はもたらされず、今いるところに永遠にとどまるからです。強固な意志力が必要な心の訓練のように思うかもしれませんが、この実践が身についたときには、「心のコントロールがこんなにも楽だったなんて！」と自分に驚くことでしょう。

　　［2］マハートマー・ガーンディーのような偉大な意志力を持つ人は例外で、
　　彼はどんなに夜遅くまで働いても毎日のスケジュールを守り通したという。

③「今」に集中する

　もうひとつ大事なポイントがあります。「今」に集中するということです。スワーミー・プレーマーナンダ（シュリー・ラーマクリシュナの直弟子の一人）が見習い僧の養成係だったころ、当時の僧院の財政状態では手伝いの人をあまり雇えなかったため、僧侶たちが霊的実践のかたわら雑事をこなしていました。そのときプレーマーナンダジーが強調したことは、「自分が今している仕事に最大の注意を払いなさい」ということでした。ある見習い僧が牛のエサ用の藁を切っていたとき、指を傷つけてしまったことがありました。するとプレーマーナンダジーはその人に向かって、「君は僧侶になる覚悟がまだできていない」と叱りました。目の前の仕事に注意を向け続けることが出来ない人が、どうやって瞑想のあいだ、瞑想の対象に注意を向け続けて集中を保ち、僧としての人生を高めることができるのでしょうか。

　今の仕事に集中できる人ほど深い瞑想ができます。エクササイズの最中はエクササイズに、家事をしているときにはその家事に、勉強のときにはその勉強に集中してください。今していることに集中できるようになったら、瞑想だけでなく心のコントロールも容易になります。「心よ、今ここに」（'Mind, Here and Now'）をモットーに、つねにそれを思い出し、「今」に集中しましょう。

・『新しい日』

　インドの名高い詩人カーリダーサの『新しい日』（"Look to This Day"）という詩には、「今」を大切にする考えがとてもよく表されています。過去は過ぎ去るもので、取り戻すことも取り換えることもできません。そして明日はまだ来ていないのです。

『新しい日』

今日をよく生きなさい、
今日こそは命、まさに命の命だから。
今日という短いあいだに、
私という存在のすべてが実在し、
そこに真理、
成長する喜び、
活動という栄光、
生命の輝きがあります。

昨日はただの思い出、
明日はただの想像。
今日をよく生きれば、
昨日のすべては幸せな思い出となり、
明日は希望のヴィジョンとなる。
だから今日をよく、
今日をよく生きなさい。

・『三つの質問』

　レフ・トルストイ（ロシアの偉大な作家、思想家）の『三つの質問』という美しい物語は、「大切な時は今。最も大切な人は今目の前の人。最も大切なことは今目の前の人を幸せにすること」と教えています。

　「今」に集中する効果にはさまざまあり、まず過去や未来の想像にとらわれなくなると時間とエネルギーが節約され、それを別の良い

ものにあてることができます。第二に、今の仕事をさらに完璧に行えます。第三に、現在を有益に活用し、より良い未来を築くことができます。第四は心に浮かぶ良くない考えについてです。そのような考えは突如心に浮かぶので、浮かぶこと自体を止めるのは難しいのですが、心を「今」に完全集中させることで「今」以外のことを考える暇や余裕を無くすことができます。ブッダも「心身の健康の秘訣は、過去を嘆かず未来を取り越し苦労せず、今を賢明に真剣に生きること」とおっしゃっています。

　ところで集中するものが何もないようなとき（散歩の最中、バスや電車の移動中、運転中など）、心は無目的にあれこれ考えがちです。そのようなときはどうしたらよいでしょう？　神の御名やマントラを唱えたり、賛歌や癒しの音楽を聞くのをお勧めします。心のコントロールという実践を行っているのに心がさまようまま放っておくのはよくないからです。また心が自分に従っているかどうかのチェックも時々行ってください。心を監督できるようになることが「心の主人になる」ということだからです。

　④一度に１つの作業

　「今」に集中する実践に関連して、「一度に１つの作業！」も重要なポイントです。また、ある仕事を中途半端に投げ出して別の仕事をするのもよくありません。

　⑤急がない

　「急がない。もう少しゆっくり！」という心掛けも大事です。あわてるのは自分に落ち着きがないせいです。あわてたときの心を観察

してみてください。

⑥注意事項

「今」に集中する実践は、将来に備えた計画をしなくてもよいと言っているのではありません。未来の青写真をこまごまと作ってはそれに執着し想像し妄想する必要はない、ということなのです。実際に起きる事とそれらはたいて一致しないのですから。

第2章 『今日だけは』の実践 ～生きがいある人生～

『今日だけは』の実践

シスター・メアリー・ザビエルとしても知られる、カトリックの修道女シビル・F・パートリッジが１８５６年に発表した『今日だけは』（"Just for Today"）という詩は、デール・カーネギーの『道は開ける』という有名な本に引用されて以来、カトリック以外の宗派の聖歌に用いられたり、オンライン上では各自が好みに応じて現代的に書き換えています。

私も『今日だけは』の発想が好きなので、タイトルと詩の一部を用い、これまでのことを盛り込んだ『今日だけは』を作りました。この１２の『今日だけは』には、私たちの総合的な成長と完全な変革のために為すべきあらゆる優れた実践が含まれています。

『今日だけは』というフレーズが何度もくり返されますが、それは一生に一度、今日だけ実践する、という文字通りの意味ではなく、これらの実践をともかく最初は１日だけから始め、その後毎日続けられるように努力することを意味しています。

会話やスマートフォンの制限は難しいという人もいるでしょう。それでも１週間か２週間にいちどか、ひと月にいちど程度ならできるはずです。また言うまでもなく、『今日だけは』の実践には今まで説明してきたスケジュールを作成する必要があります。

『今日だけは』

1　今日だけは、朝起きるときから寝るまでスケジュールに従うように努力します。このスケジュールには、肉体、知性、道徳的および、霊的成長の時間を設けます。

2　今日だけは、神と結ばれますように、朝夕２回１５分ずつ瞑想し、神の御名を唱えるよう努めます。仕事のときも、出掛けるときも、入浴時も、神の御名を少なくとも１０回くり返します。また食べ物も飲み物も、すべて心の中の神に捧げます。

3　今日だけは、自分の本性について、人の本性について、宇宙の本性について、深く考えるようにします。

4　今日だけは、自分の人生の意味とその目的、そして人生の目的を実現するために何をしてきたかについて、深く考えるようにします。

5　今日だけは、思索の糧となる霊性の本を読み、新たな学びを得るようにします。新たなことを日々学ぶことは重要です。

6　今日だけは、息を吸って吐いて吸って吐いて吸って吐いて、からだを伸ばして伸ばして伸ばして、歩いて歩いて歩きます。

7　今日だけは、何があっても決してイライラせず、動じず、不満を抱きません。文句を言わず、愚痴をこぼさず、言い返しません。すべての問題を冷静に解決しようとします。

8　今日だけは、他人を批判せず、改善させようとしません。他人をほめて励まし、良い性質に着目するようにします。

9　今日だけは、過去も将来も存在しないかのように、今日のことだけに集中します。今日こそは、できるかぎり理想的に、よく生

きるようにします。

１０　今日だけは、私は神の代理人で、仕事を通して人の中に宿る神に仕えている意識で働きます。そして一日を終えたとき、今日のすべての仕事を神に捧げます。

１１　今日だけは、聞かれないと話をしません。テレビを見ません。新聞を読みません。スマートフォンを見ません。パソコンで仕事をしません。

１２　今日だけは、母なる大地や人びとからどれほど恩恵を受けているか、私を支えるために彼らがどれほど与えてくれているかに気づくようにします。私は母なる大地と人びとの幸福を祈り、他者を助けるよう努力します。

生きがいある人生

　現代人はさらなる良い暮らしを追求し、それが際限のない欲望、野心、競争、利己主義を生み出し、それにより心の平安をなくしています。節度ある生活によっても心は満たされると知るには、「足_たるを知る」態度はもちろん、人の幸福や利益を優先する利他主義の実践、生活水準よりも創造性や知識の習得や人間性に重点を置く考え方が重要です。それらをせず単にスケジュールに従うだけでは心の平安からは遠のくでしょう。

　インドの聖典は、「適度に食べ、適度に体を動かし、適度に仕事をし、適度に眠り、適度に目覚め、そしてヨーガを実践すれば、苦悩はすべて取り除くことができる」（『バガヴァッド・ギーター』第６章１７節）と助言します。つまり理想に向かうという目的のためにスケジュールを作り、それに従うのだという意識が大事なのです。

それを実践した暁（あかつき）には、理想という夢が、夢でなく現実に、つまり自分の性質の一部という現実になっていると知るでしょう。

　単調で機械的なようなこの実践ですが、やってみると日課をこなす毎日を楽しむように変わり、すると人生はかつてなく優れた、生きる価値あるものへと変わるのです。

　私の経験からさらにもうひとつのメリットを付け加えましょう。大変な状況のときこそ、この実践が助けになるということです。失敗したとき、苦しみのとき、精神状態が低いとき、魂が闇夜のときにもこの実践を続けてください。ただ型通りに続けてください。心が嫌がり肉体が嫌がっても続けてください。続けていけば、困難な状況は確実に終わり、真っ暗なトンネルの終わりに光を見るでしょう。

　紹介してきた実践はすべて、心を完全にコントロールするという人生の偉大なチャレンジに向かうためのものです。聖書にある「善きサマリア人」のように行動することで、無数の苦しみを作り出す「敵」としての心が、「友」としての心に変わり、波乱万丈な人生を助けてくれます。その心が、人生の目的である「霊性の光」にまでも導いてくれるのです。

　最後に、インド哲学の、非常に重要な詩節を紹介します。

　「人は心の力で自分を向上させ、決して下落させてはいけない。何故なら、心は自分にとっての親友でもあり、かつまた同時に仇敵（きゅうてき）でもあるからだ。自我心を克服した人にとって、心は最良の友であるが、それを克服できない人にとっては、心こそ最大

の敵となる」［3］

　インド哲学の叡智がすべての人の人生にとって大いなる助けとなることを心から願っています。

　　［3］『バガヴァッド・ギーター』第6章5節、6節

用語解説

アートマン　Ātman
（個人的なレベルの）純粋な意識。魂。内なる自己。真我。⇒ブラフマン

ヴィヴェーカーナンダ，スワーミー　Vivekānanda, Swāmī
シュリー・ラーマクリシュナの一番弟子。のちに出家僧となり、1893年アメリカ・シカゴでの第一回万国宗教会議をきっかけに、ヨーガとヴェーダーンタ哲学の世界的な霊的指導者となる。会議では「普遍宗教」という師のメッセージを伝える特筆すべき演説をおこない、「アメリカの姉妹たち、兄弟たち」という言葉で講演が始まると拍手が会場を包んだという。その後インド・コルカタに、「神を求めるならば人の中に求めよ」という師の教えを実践する場、また師の教えを霊性と知性によって体系化し、世界に通じる言葉として発信する場として、「ラーマクリシュナ・マト・アンド・ミッション」（ラーマクリシュナ僧院。通称ラーマクリシュナ・ミッション）を設立、組織的な伝道活動をおこなった。講話を翻訳したものに、『カルマ・ヨーガ』『バクティ・ヨーガ』『ギャーナ・ヨーガ』『ラージャ・ヨーガ』『シカゴ講演集』『わが師』『インスパイアード・トーク（e-book）』がある。1893年、インドからアメリカへ渡る途中、約3週間日本に滞在した。1863年〜1902年。

ヴェーダーンタ哲学
ヴェーダ（インド最古にして最高の聖典）の最終部にあたるウパニ

シャドをヴェーダーンタと呼ぶ。ヴェーダーンタ哲学はウパニシャドを中心に研究する学派で、インド六派哲学のひとつ。

ウパニシャド　Upaniṣad(s)

字義は「近くに座る」、すなわち「師と弟子が膝を交えて親しく伝授されるべき教え」という意味であり、ヴェーダの終結部にある真理についての奥義の部分を指す。別の名でヴェーダーンタ。

クンティー　Kuntī

インドの叙事詩『マハーバーラタ』の登場人物。パーンダヴァ5兄弟の母。

解脱<ruby>げだつ</ruby>

あらゆる束縛からの解放。悟りを得て完全に自由になること。ふたたびこの世に誕生しないこと。悟りの結果、解脱する。

悟り<ruby>さと</ruby>

神、真理との合一。その状態。サマーディ。

サムスカーラ　saṁskāra

似たような思考や行為をくり返すことで心に深く刻まれた印象。今生だけでなく、前世（複数）のものも含めて潜在意識に隠れ、現在の思考や行動に影響をあたえる。

シュリー・クリシュナ　Srī Kṛṣṇa

字義は「黒い神」。この名で呼ばれるヴィシュヌ神の化身。ヒンドゥ諸神の中でもっとも崇拝され、様々な聖典と寓話があるが、マハーバーラタ叙事詩の『バガヴァッド・ギーター』が特に有名。⇒バガヴァッド・ギーター

シュリー・ラーマクリシュナ　Śrī Rāmakṛṣna

近代インドの聖者。インド・ベンガル地方の貧しい司祭の家に生まれた。学校教育はほとんど受けなかった。十代でコルカタに出、やがてカーリー女神をまつるドッキネッショル寺院の役僧となる。十二年間、ヒンドゥのさまざまな聖典が規定する霊性修行に精神と肉体を捧げきり、結果カーリー女神やヒンドゥ諸神との合一を達成、みずからを神の化身と考えるようになった。その後もイスラーム教やキリスト教など諸宗教の修行を積み、さまざまな神秘体験を得、ついに「あらゆる宗教において、神にいたる道は同一である」と確信した。このような体験と確信に基づいてやがて真理を語りはじめ、彼のもとにはさまざまな宗教のさまざまな民衆が集まるようになり、１８７５年頃にはその思想がベンガル地方に浸透していった。だが局地的な存在にすぎなかった彼の名を世界的にしたのは、１９８２年に彼の弟子となったスワーミー・ヴィヴェーカーナンダである。１８３６年〜１８８６年。

バーガヴァタム　Bhāgavatam

主としてクリシュナの生涯を描写した聖典。とくにヴィシュヌ派信者に重んじられる。

バガヴァッド・ギーター　Bhagavad Gītā

字義は「神の歌」。世界的に有名なヒンドゥの代表的聖典。大戦争の直前、神の化身クリシュナが戦士アルジュナに真理を説き聞かせるという形で、大叙事詩『マハーバーラタ』の一部に挿入されている。⇒クリシュナ

ブリンダーバン　Vṛindavan

クリシュナが幼少期を過ごした地。ヒンドゥの聖地のひとつ。

パタンジャリ　Patanjali

諸説あるが紀元前2世紀ごろの聖者とされる。ヨーガ哲学派の根本経典『ヨーガ・スートラ』の編さん者として有名。⇒ヨーガ・スートラ

ブラフマン　Brahman

字義は「偉大な者」。（偉大なレベルの）純粋な意識。究極実在。唯一、絶対、永遠、無限定で、遍満している一切がブラフマンである。⇒アートマン

ホーリー・マザー・シュリー・サーラダー・デーヴィー　Holy Mother Śrī Sāradā Devī

シュリー・ラーマクリシュナの霊性の伴侶。当時のインドの一般的な慣習に従い、六歳でシュリー・ラーマクリシュナのいいなづけとなり、十八歳で約百キロ離れた寺院に住む婚約者と生涯を共にするため生まれ故郷を発った。シュリー・ラーマクリシュナは亡くなる前に弟子たちに、彼女を彼らの母親と見なすことを勧めた。地味で

控え目な女性であったが霊的・知的なリーダーとして才があり、シュリー・ラーマクリシュナの逝去後も宗教的な奉仕を続け、霊性の感化と指導につとめて人類の母としての役割を果たした。さらにすべての訪問者のための、シュリー・ラーマクリシュナの教えの重要な説明者・教師でもあった。1853年～1920年。

マーヤー　māyā
根本原質、ブラフマンの力、根本的エネルギーであり、霊的な無知、本質（真理）を覆い隠すヴェール。

マハーバーラタ　Mahābhārata
ヒンドゥの有名な叙事詩。「偉大なバーラタ族の物語」という意味で、バーラタ王朝のパーンドゥ家とクル家による争いを軸に、人間の生き方を説いて霊的な気づきを与える。

マントラ　mantra
聖なる力を持つ神秘的な音節。聖句。

ヨーガ・スートラ　Yoga sūtra
インド六派哲学のひとつ、ヨーガ哲学派の根本的聖典。パタンジャリはこの学派の開祖。⇒パタンジャリ

ラーマクリシュナの福音　Gospel of Sri Ramakrishna
原題は「Sri Sri Ramakrishna Kathamrita」（シュリー・シュリー・ラーマクリシュナの甘露のような言葉）。シュリー・ラーマクリシュナの

在家の直弟子 M（マヘンドラナート・グプタ）による、シュリー・ラーマクリシュナが亡くなる前後約五年間の記録。シュリー・ラーマクリシュナが語られた内容はブラフマギャーナ（ブラフマンの知識）と同じである、と言われるとおり、『ラーマクリシュナの福音』には聖典のすべてのエッセンスが入っている。記録者 M は傍観者に徹して出来事を忠実に書き留め、かつ当時の様子や場の雰囲気、自然の背景などを織り込んでダイヤモンドのような教えをさらに美しく輝かせた。それゆえに『ラーマクリシュナの福音』はベルベットのケースに入ったダイヤモンドのようだ、と言われる。日本ヴェーダーンタ協会より出版。

索 引

アートマン　15,31,35,61,81,97

『新しい日』　113-114

アッビャーサ　61

アハンカーラ　50

意志の自由　36

エゴ　22,28,65,74,76,82,99

ヴィヴェーカーナンダ　17,30-31,36-37,43-46,51,77,86,88,
93,103,106-107,109-111

ヴェーダーンタ哲学　48,50,53-54,58

宇宙の創造　15,54

カーリダーサ　113

ガーンディー　67,73,88,112

カルマの法則　29,34

ガンビラーナンダ　112

義務　20,59,62,76-77,109-110

『今日だけは』　117-118

グナ　50,53-57,89,102

クリシュナ　16-17,63,78,88,90

解脱　32,45

コーシャ　58

サット・チット・アーナンダ　12,16-17,21,27,31,34-35,37,67,82,109

悟り　15-16,56,63,80,99

サムスカーラ　13,36,52

実在　33,58,62,67,114

自由意志　69

『シュリーマッド・バーガヴァタム』　16-18

魂　12-17,19,21-22,27,31-35,37,48,50,52,56,58,61,63,67,69,74,
81-83,88-89,97-98,102,109-110,120

チッタ　50

超越　56,102

トルストイ　114

内省　18-22,26-29,32-35,51,53,84,89,92,108,110,112

ハート　13,17

『バガヴァッド・ギーター』　15,17-18,35,54-57,61,64,86,107,109,
119,121

パタンジャリ　50

非実在　67

ヒンドゥ教　99

ブッディ　50

プラクリティ　53-54

ブラフマン　15,19,54,58,61,67,81,97,

ホーリー・マザー　48,49,96-97

マーヤー　36

マナス　50

マントラ　15,84-85,97,115

『三つの質問』　114

無執着　27,55,77

瞑想　19-20,31,34,61,66-67,69,76,84,91-92,97-98,107-108,110-111,
113,118

ラーマクリシュナ　63,67,74,78,88,107,113

ラーマクリシュナ僧院　78,96,106-107

『ラーマクリシュナの福音』　17-18,40-41,107,109

輪廻転生　33-34

霊的無知　56,89

著者について

スワーミー・メーダサーナンダは、インドのラーマクリシュナ・ミッション直属の大学学長を経て、現在は同ミッションの日本支部、日本ヴェーダーンタ協会（神奈川県逗子市）の会長を務める。日本各地で霊的、哲学的な講話やリトリートを精力的に行っている。これまで膨大な調査を要した『Varanasi at the Crossroads（文明の十字路 ヴァーラーナシー）』、『輪廻転生とカルマの法則』など数冊の著書がある。

IKIGAI
生きがい
〜インド哲学の見方で〜

スワーミー・メーダサーナンダ
2024 年 1 月 21 日 初版発行
発行者　　日本ヴェーダーンタ協会会長
発行所　　日本ヴェーダーンタ協会
　　　　　249-0001　神奈川県逗子市久木 4-18-1
　　　　　電　話　　046-873-0428
　　　　　E-mail　　info@vedanta.jp
　　　　　Website　vedanta.jp
　　　　　FAX　　　046-873-0592
印刷所　　モリモト印刷株式会社
万が一、落丁・乱丁の場合は送料当方負担でお取替えいたします。
定価はカバーに表示してあります。

日本ヴェーダーンタ協会 刊行物他

オンラインショップ　www.vedantajp.com/ ショップ /

協会オンラインショップ他

 ショップ

 ショップ / 和書

 ショップ /CD

 ショップ /DVD

 eBook
（Amazon Kindle 版）

アマゾン電子書籍

 Amazon Kindle 版
和書

 Amazon Kindle 版
雑誌

 Amazon Kindle 版
雑誌合本

日本ヴェーダーンタ協会会員

 協会会員（会費）

＊変更の可能性もあります。その場合、サイトでご確認ください。